tricot pour la **d**écoration

tricot pour la décoration

ERIKA KNIGHT

PHOTOGRAPHIES DE JOHN HESELTINE

MANGO PRATIQUE

Première publication en Grande-Bretagne en 2000,
Collins and Brown Limited

© Collins and Brown 2000
Texte © Erika Knight 2000

© Éditions Mango Pratique pour l'édition française

Traduction : Renée Mery
Maquette et exécution : Studio Michel Pluvinage

ISBN 2 84270 222 0

Imprimé en Italie par G. Canale & C. S.p.A. - Borgaro T.se - TURIN

Sommaire

Introduction	6	Idées de broderie	42	Coussins naïfs	92
Cahiers de tendances	8	Coussin rayé	44	Chaussons et pantoufles	96
Fournitures	16	Idées de rayures	48		
		Plaid bordé	50		

techniques

		Grand coussin	54	la salle de bains	
		Chemin de table	58		
Échantillon	20	Coussins aux perles	62	Gant de toilette	102
Monter les mailles	22	Idées de perles	66	Sac de bain	106
Rabattre les mailles	24			Sortie de bain	110
Maille endroit	26			Paniers en tricot	114

la chambre

Maille envers, jersey	28			Tapis de chiffon	118
Augmenter et diminuer	30	Plaid de carrés	70		
		Pull douillet	74	Caractéristiques et entretien	122

le salon

		Plaid graphique	78		
		Coussins boutonnés	82	Échantillon : conseils	124
Coussins faciles	34	Idées de boutons	86		
Coussin aux coutures	38	Couverture d'enfant	88	Index	126

Tricoter, c'est facile

Prenez deux aiguilles et du « fil » et, en quatre gestes – entourer, piquer, enrouler, faire passer –, montez une maille. **Montez** plusieurs **mailles** pour **faire un rang. Tricotez plusieurs rangs**… ça y est, votre premier ouvrage est terminé ! Ce livre a pour but de supprimer toutes les difficultés du tricot. **Fini les explications compliquées.** Ici, nous allons nous en tenir à des explications de base et au vocabulaire courant – pas d'abréviations, pas de formes complexes, pas de grilles ou de diagrammes à suivre. **Les modèles,** souvent de simples rectangles, **sont très** faciles et rapides à tricoter. Pour commencer, vous **apprendrez** juste à **monter les mailles**, à **tricoter** deux points simples et à **rabattre**. C'est tout ce dont vous aurez réellement besoin.

La **simplicité** de la réalisation d'un ouvrage **alliée** à des **matériaux naturels** et **originaux** apportent une touche « nature » qu'un ouvrage plus élaboré ne dégage pas. **Sensibilisez-vous** au contact des **matières naturelles** des fils. Essayez-les toutes – laine, coton, lin, sisal, mohair, chenille. « **Sentez** » les **différentes textures**. Puis, pour vous amuser, passez à des **matières moins conventionnelles** – Nylon, cordon, chiffon, fil métallisé, rubans et raphia. Le tricot apporte un sentiment de retour aux traditions et, de nos jours, personnaliser un **cadeau** réalisé de ses propres mains témoigne de **la plus délicate attention**. Alors, faites-vous **plaisir** en travaillant ces matières et **en créant, de vos mains,** quelque chose de facile, de simple et de beau en vous inspirant des cahiers de tendances qui suivent.

Amusez-vous.

Ambiance bois

Pour créer un intérieur au cadre chaud, inspirez-vous des teintes du bois qui se marient agréablement avec des fils doux comme le coton, le lin, la laine, le cuir, le daim. Ces teintes neutres, intemporelles, issues de matières naturelles et riches, seront mises en valeur par des tons de terre et de végétaux, comme par les indigos et les blancs. Le bois naturel est un bon point de départ pour des idées de décor. De l'écorce usée aux surfaces patinées, du liège satiné aux planches couleur de miel, le bois ne manque pas de tons chauds. Qu'il soit rugueux ou lisse, les textures brutes comme la corde jaune et grossière de sisal, la ficelle à paquet fine et ivoire, la corde de jardin rugueuse et rustique, le classique coton écru et les boutons de bois sont naturellement complémentaires du bois.

1. Ficelle à paquet : simple, basique et bon marché, elle offre une grande variété de couleurs et d'épaisseurs.

2. Ficelle de sisal : grossier et rugueux, il renforce l'authenticité des ouvrages simples.

3 et 4. Cotons secs et doux : ils sont disponibles dans un grand choix de couleurs et de textures.

5. Ficelle de jardin : elle est plus souple que le sisal, mais également rugueuse et rustique.

Ambiance pierre et acier

1. Alpaga : doux, chaud, naturel.

2. Fils mélangés : des fils contrastés, tordus ensemble, forment un « chiné » original.

3. Lacet de cuir : mat, doux, il complète à merveille cette gamme.

4. Chenille : un coton au toucher velouté.

5. Fil « feutré » : une laine gonflante, légère.

6. Bouclé : une laine légère et aérée.

7. Fibres synthétiques : transparents, irisés, ils renforcent les contrastes.

Les nuances de la pierre, des cailloux et des perles trouvent leur équilibre au contact des tons naturels de l'acier, de l'ardoise et du charbon. Pour une ambiance classique et élégante, les tons neutres – ton sur ton –, mats, doux, granuleux ou lisses de ces matières apportent une touche sobre et contemporaine. Le doux alpaga aux tons naturels et subtils, les fils aux mélanges de tons et de matières, la luxueuse laine « feutrée » et le bouclé frisé donnent des tricots légers et gonflants. Pour rehausser l'ensemble, le cuir lisse, la chenille veloutée et le Nylon transparent et irisé utilisés pour les finitions permettent un effet de contraste. La touche finale peut être apportée par de simples boutons plats de nacre aux reflets irisés.

… cahiers de tendances

Ambiance daim

Le daim, texture douce aussi agréable au toucher qu'au regard, au contact chaleureux et sensuel, évoque la nature, le confort douillet de week-ends à la campagne. La douceur et la rondeur du mérinos, et les précieux et savants mélanges d'angora, d'alpaga, de cachemire et de mohair donnent des surfaces moelleuses

1. Mérinos : doux, léger et aérien.

2. Bouclé : fil bouclé d'un bel effet pour coussins et plaids.

3. Chenille : coton velouté, luxueux, qu'il soit fin ou épais.

4. Angora : du lapin angora, très fin, particulièrement doux.

5. Cachemire : le plus luxueux et le plus authentique des fils.

dans une délicate palette de biscuit, de blonds, de beiges et de beurre. Le daim illustre bien comment la simple différence de texture modifie notre perception des couleurs, qui peuvent paraître adoucies ou durcies en fonction de leurs nuances et de leur luminosité.

… daim et cuir **11**

Ambiance cuir

La tendance cuir marie les surfaces lisses et parfaitement cirées au luxe et à la douceur du cachemire, à la chenille veloutée et à la soie délicate. Les tons chauds de brun, du subtil taupe beige rosé au chocolat au lait, en passant par le moka et la profonde aubergine, créent une harmonie aussi recherchée que luxueuse.

1. Chenille gonflante : cette épaisse chenille veloutée s'accorde joliment avec le cuir lisse.
2. Chenille fine : le tricot est plus serré qu'avec la chenille gonflante.

3. Soie : la soie, reine des fibres, est chaude et fluide. Avec son élégance et son lustre subtil, le cachemire convient également à cet esprit

La précision et le raffinement apportés à la confection du tricot, renforcés par la touche finale de boutons en bois sombre, donnent de l'élégance et du fini aux éléments les plus sobres.

Ambiance terre

Les tons naturels et rudes de la terre invitent à reconsidérer les gammes de neutres. Un mélange rythmé de verts, de marrons et d'ocre – algues, lichens, mousses, taupe et tourbe – apportera dans la maison une sensation de chaleur et de force. Le tweed rustique ou bouclé se mêle parfaitement au coton, à la chenille, à la soie et au lin naturel pour donner des couleurs riches et profondes. L'aspect rustique et campagnard peut être renforcé par la rugosité du jersey envers et des rayures tricotées à l'envers. Des boutons en corne conviennent parfaitement à cette ambiance.

1. Chenille : veloutée et douce.
2. Coton : doux ou rustique, épais ou fin.
3. Soie : délicate, douce, une fibre satinée.
4. Tweed : les couleurs mélangées créent une texture intéressante.
5. Bordures en relief : le jersey envers renforce la tenue.
6. Lin : un fil de tradition ancestrale.

terre et végétale **13**

Ambiance végétale

Les couleurs végétales et naturelles fournissent les bases de la décoration pour un intérieur lié aux saisons. Figues fraîches et charnues, tendres pousses du basilic, pâles tiges feuillues du céleri, pointes mauves des jeunes asperges illustrent à quel point les couleurs intenses coexistent avec bonheur dans la nature. La chenille veloutée, à la fois fine et gonflante, et les fils mélangés en laine mérinos et en coton appuient les nuances végétales pour donner vie à une décoration intime. Il faut oser les contrastes du jaune et du mauve, du vert et du rouge pour créer une ambiance insolite.

1. Mérinos et coton : le mélange de la laine et du coton dans un seul fil donne une douceur et une élasticité idéales.
2. Chenille gonflante : douce, veloutée, la chenille possède une gamme étendue de couleurs végétales.
3. Chenille fine : elle donne au tricot un aspect plus moelleux que la chenille épaisse.

Ambiance mer

Les nuances de l'indigo, du jean, du chambray et du denim sont les nouveaux « neutres » d'une maison, très « tendance ».

Les déclinaisons variées de l'indigo permettent de créer une ambiance évocatrice des bords de mer, de la chaleur et du soleil en été. Ce fil 100 % coton demande à être tricoté souplement, et donne un résultat plus lourd que les autres cotons. Les fils jean ou denim, dans ces mêmes nuances, complétées par les tons basiques de l'écru et de la pierre, donnent un style décontracté et moderne. La chenille veloutée comme les doux fils mats de coton, dans des bleus froids et de chauds blanc cassé, rehausseront toute la gamme des bleus et ses complémentaires.

1. Bleu moyen : la teinte traditionnelle du jean non lavé.
2. « Lavé sur la pierre » : la nuance joliment passée de l'indigo.
3. Bleu foncé : indigo profond et sombre.
4. Jean blanc cassé : les nuances de pierre, de blanc cassé et d'écru contrastent avec le bleu.
5. Chenille : doux partenaire du coton.
6. Coton : brillant ou mat, il est parfait.

mer et air **15**

Ambiance air

1. Mérinos : parfait pour de petits détails raffinés.
2. Mérinos et coton mélangés : un mélange particulièrement doux.
3. Raphia : ajoute un détail contemporain.
4. Corde : utilisée en garniture ou pour tricoter des accessoires.
5. Chiffons tricotés : des bandes de velours, mousseline, filet, raphia, fil bouclé, chenille tricotées ensemble.
6. Coton fin : donne du relief aux points.

Fraîche, pure et apaisante, la gamme des blancs constitue la base de la palette des neutres. Riche en texture et en tons, le blanc est la couleur de l'ordre, de la sérénité et de l'air : depuis les textures givrées du verre et de la glace, translucides de la nacre, crayeuses de la tendre chenille, les piqués de coton, la laine aérienne, la mousseline au blanc laiteux, les Nylons opaques et le raphia mince comme du papier. Les textures du blanc ressortent quelle que soit l'épaisseur du tricot.

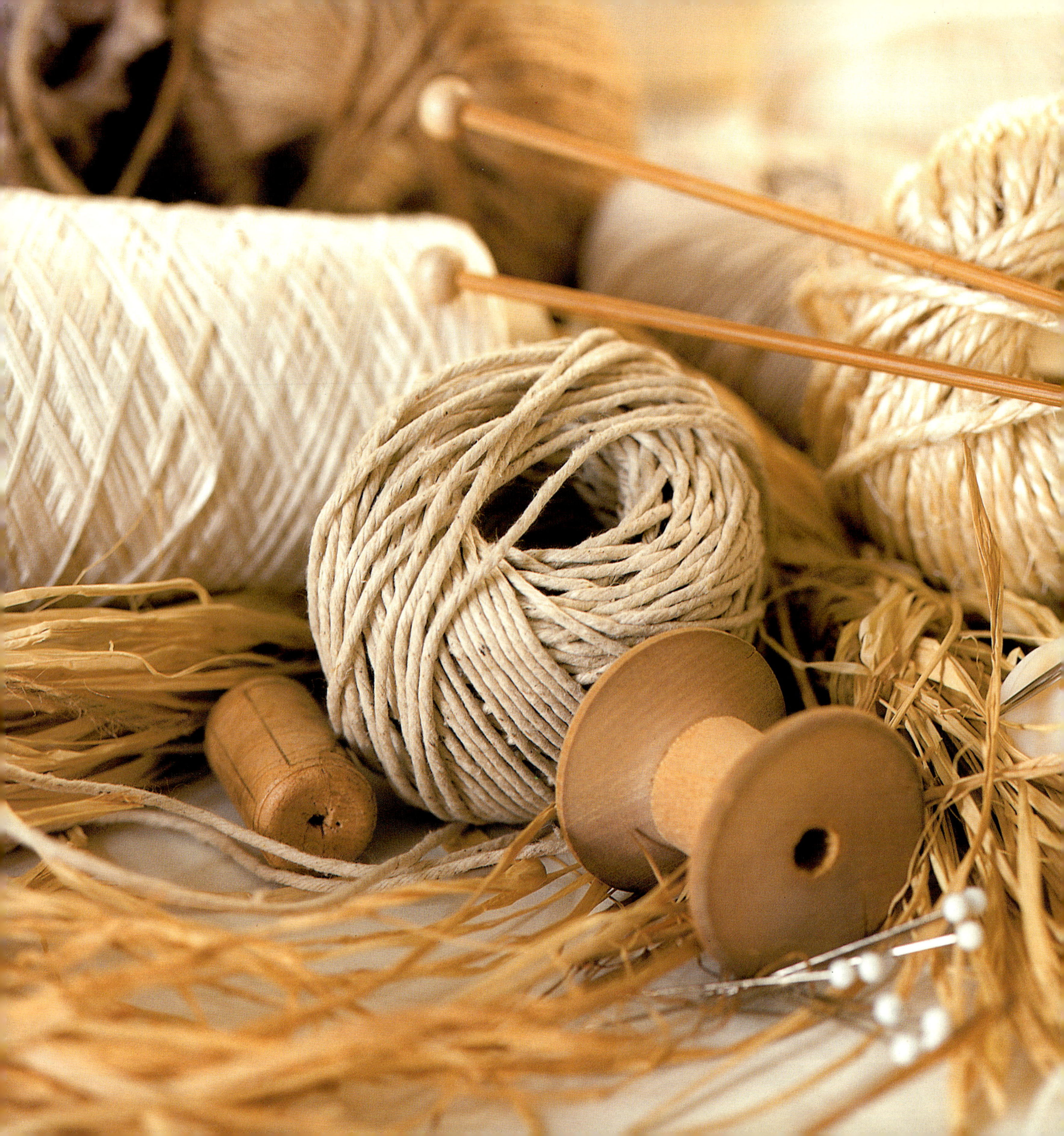

Fournitures

Les outils et les matériaux nécessaires à la réalisation de ces modèles sont faciles à trouver et peu onéreux. Voici quelques éléments de base pour débuter.

LE FIL : d'abord, il vous faut du fil à tricoter. Les magasins spécialisés regorgent de choix tant en matières qu'en gammes de couleur. Cependant, beaucoup de matériaux inhabituels donneront des résultats inattendus et originaux. Par exemple, la ficelle, le ruban, la ganse, la corde, le feutre – en fait, vous pouvez tricoter toutes les matières à condition qu'elles soient suffisamment souples.

LES AIGUILLES À TRICOTER : elles sont classées par numéros, qui correspondent à leur diamètre – des plus fines aux plus grosses – et existent dans différentes longueurs. Les aiguilles en bois ou en bambou (n° 6 ou 7) sont particulièrement indiquées pour les ouvrages réalisés en fil épais.

LE MÈTRE RUBAN OU LA RÈGLE : ils vous seront utiles pour mesurer votre travail.

LES CISEAUX : les ciseaux pointus sont les plus pratiques.

LES ÉPINGLES À TÊTE : ce sont les plus faciles à repérer.

L'AIGUILLE À COUDRE : utilisez une aiguille à tapisserie à bout rond pour assembler votre tricot avec du fil à tricoter.

LES BOUTONS : pour des modèles simples, les boutons sont un élément de décoration primordial. Pensez-y et choisissez-les avec soin une fois votre travail terminé. Du choix des boutons dépendra l'aspect final de votre tricot.

UN BOUCHON DE LIÈGE : très pratique pour planter les pointes des aiguilles et empêcher les mailles de glisser des aiguilles.

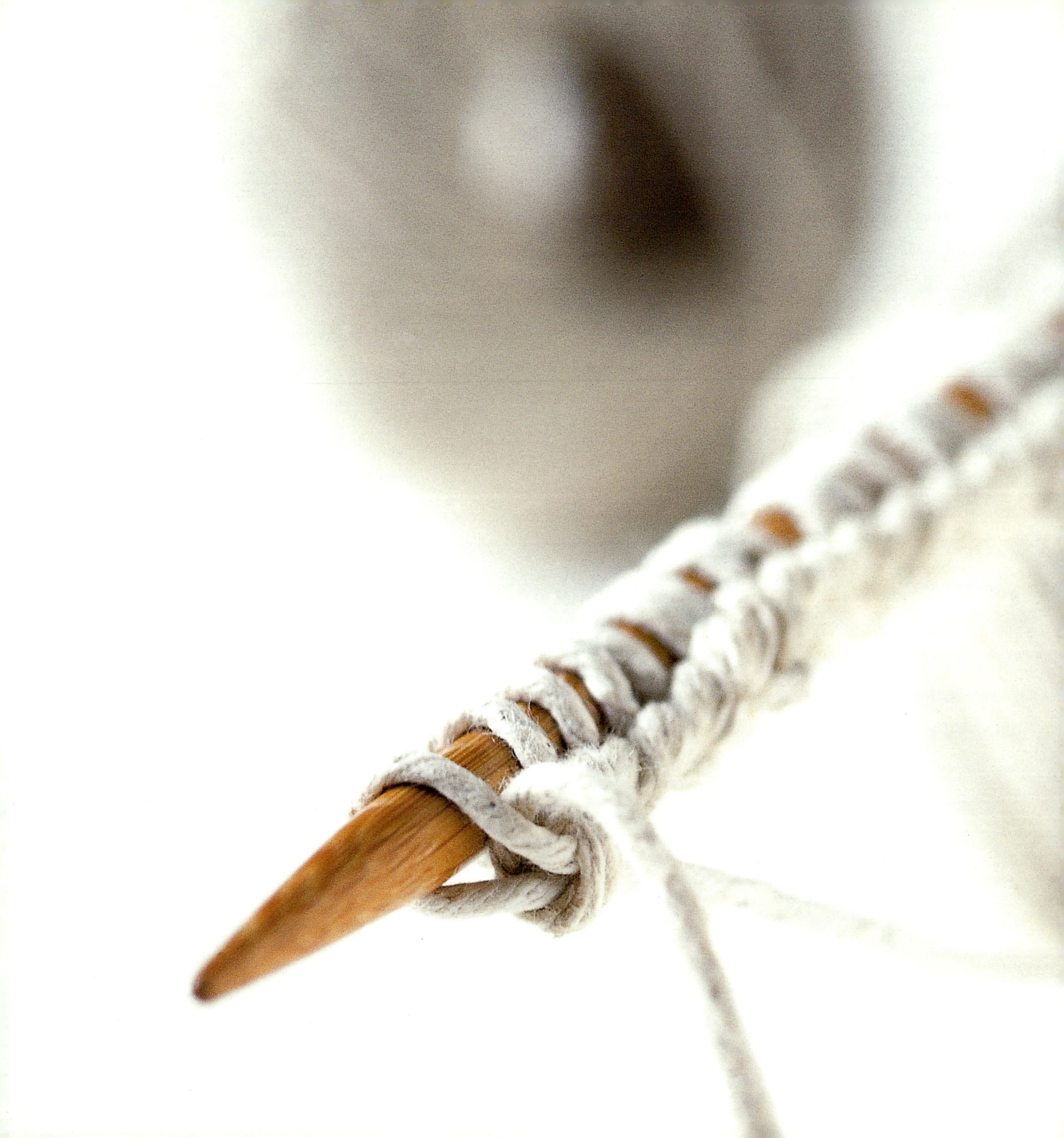

techniques

Techniques de base : échantillon

ÉCHANTILLON : L'échantillon est un essai qui vous permettra de contrôler les dimensions de votre tricot suivant la taille des aiguilles et le type de fil que vous utilisez. Une règle simple : les aiguilles fines pour les fils fins, les grosses aiguilles pour les fils plus épais. Vous pouvez constater ci-contre la différence de grosseur des mailles suivant cette règle. Les échantillons permettent de trouver la taille appropriée des aiguilles par rapport aux dimensions de votre ouvrage et à son aspect. N'hésitez pas à passer un peu de temps sur les échantillons, ils vous faciliteront le travail par la suite et vous donneront un aperçu de votre tricot terminé.

Fil fin : aiguilles fines

Fil moyen : aiguilles moyennes

Gros fil : grosses aiguilles

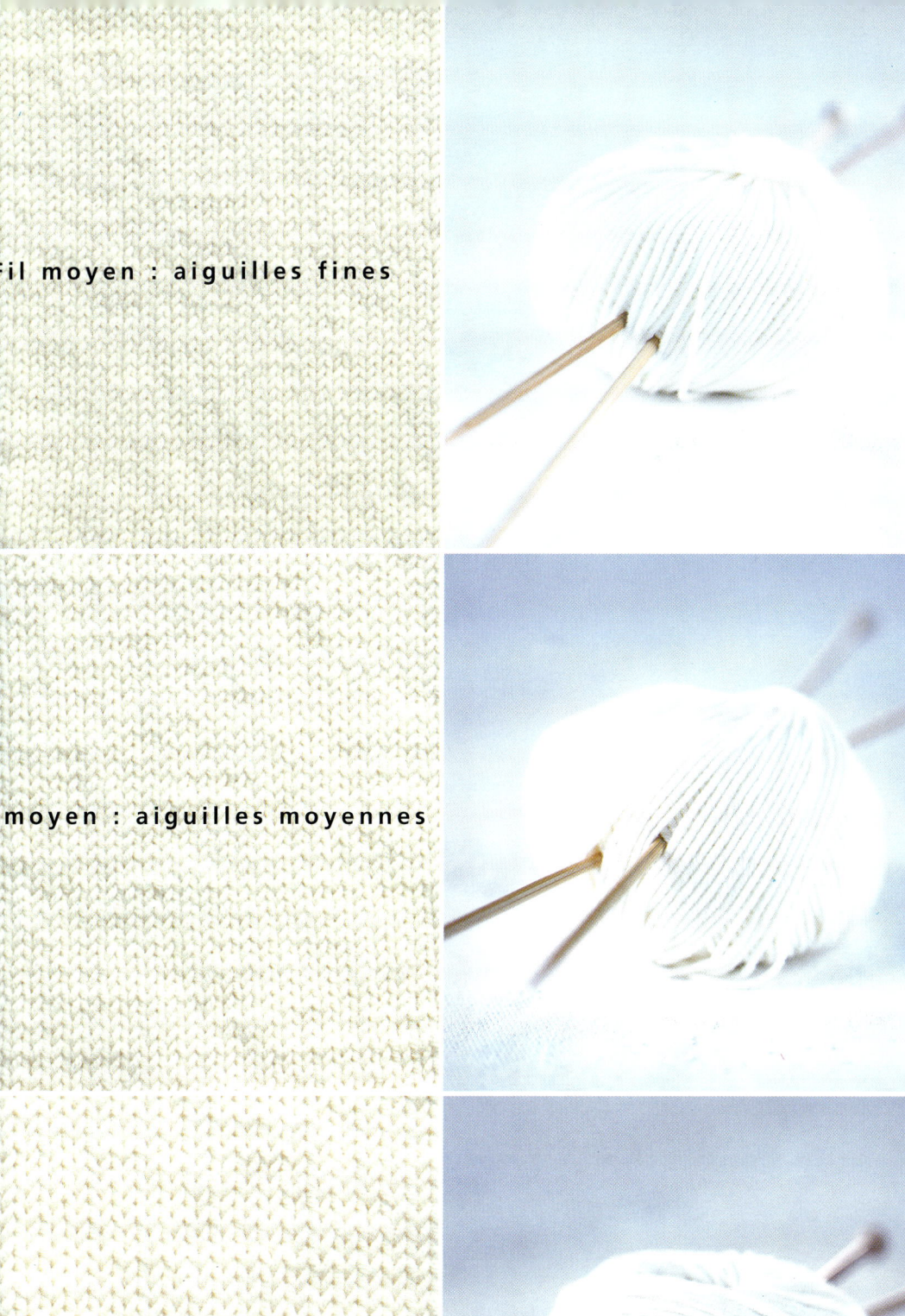

fil moyen : aiguilles fines

fil moyen : aiguilles moyennes

fil moyen : grosses aiguilles

Le même fil tricoté avec des aiguilles de tailles différentes aura des aspects très différents, comme vous pouvez le constater.

Si vous connaissez la taille de chaque maille (*voir p. 124*), vous pourrez tricoter un morceau de la largeur de votre choix. Mais, pour la plupart des projets, la dimension exacte n'est pas importante et des mailles un peu plus lâches ou un peu plus serrées ne font pas une grande différence. En résumé, les fils ont des qualités différentes et, en utilisant des aiguilles à tricoter plus grosses ou plus fines, vous réaliserez des ouvrages de toute façon toujours uniques.

Techniques de base : monter les mailles

MONTER LES MAILLES : façon de faire des boucles, ou « mailles », avec du fil autour d'une aiguille à tricoter ; c'est le point de départ de tous les ouvrages en tricot. Il y a plusieurs méthodes, une des plus faciles est expliquée dans cet ouvrage (*voir p. 30, Comment monter des mailles en début de rang*). Si vous n'avez jamais monté de mailles, consacrez un peu de temps à vous y entraîner et cela deviendra vite automatique. Le nombre exact de mailles à monter est toujours indiqué au début des explications.

un : entourer

Entourez le pouce gauche avec le fil venant de la pelote. Le fil libre sera maintenu par les autres doigts de la même main.

quatre : faire passe[r]

Accrochez le fil avec l'aiguille et faites-la passer à travers la bou[cle] de votre pouce pour faire la première mail[le]

deux :
piquer

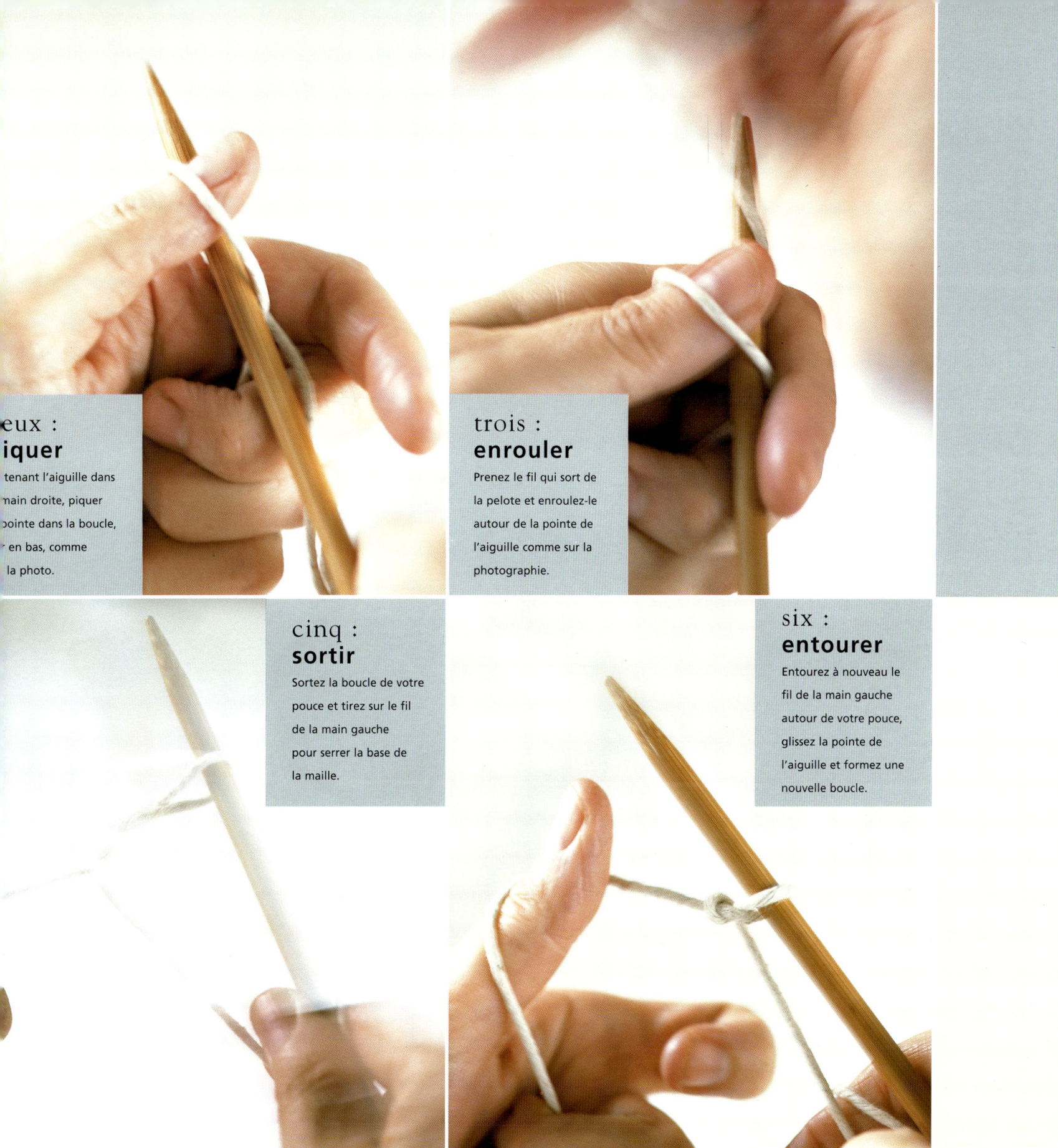

tenant l'aiguille dans
main droite, piquer
ointe dans la boucle,
en bas, comme
la photo.

trois :
enrouler

Prenez le fil qui sort de
la pelote et enroulez-le
autour de la pointe de
l'aiguille comme sur la
photographie.

cinq :
sortir

Sortez la boucle de votre
pouce et tirez sur le fil
de la main gauche
pour serrer la base de
la maille.

six :
entourer

Entourez à nouveau le
fil de la main gauche
autour de votre pouce,
glissez la pointe de
l'aiguille et formez une
nouvelle boucle.

Techniques de base : rabattre les mailles

un : tricoter

Avant de commencer à rabattre, il faut tricoter 2 mailles de façon à avoir 2 boucles sur l'aiguille droite.

quatre : laisser tomb[er]

Laissez tomber la premiè[re] maille de l'aiguille droite pour qu'il ne reste plus que la seconde maille su[r] l'aiguille.

RABATTRE LES MAILLES : pour terminer un tricot et éviter qu'il ne s'effiloche, vous devez « rabattre les mailles », c'est-à-dire les faire passer l'une par-dessus l'autre, jusqu'à la fin du rang. Quand les explications indiquent seulement de « rabattre », il faut tricoter chaque maille à l'endroit tout en rabattant. Mais parfois, il est précisé de « rabattre en tricotant le point » ; dans ce cas, tricotez les mailles à l'endroit ou à l'envers comme vous l'auriez fait sur ce rang, tout en rabattant les mailles. Et pour former des boutonnières, vous rabattrez quelques mailles sur un rang pour les remonter au rang suivant.

eux :
iquer

uez la pointe de
guille gauche dans la
mière maille de
guille droite, comme
la photo.

trois :
passer par-dessus

Passez la première maille par-dessus la seconde de l'aiguille droite.

cinq :
répétez

Répétez tout au long du rang, en tricotant une maille et en faisant glisser la première par-dessus la seconde.

six :
terminer

Quand vous n'avez plus qu'une maille, terminez en coupant le fil passé dans la dernière boucle et tirez.

Techniques de base : maille endroit

un :
piquer
Piquez la pointe de l'aiguille droite dans la première maille de l'aiguille gauche, comme sur la photographie.

TRICOTER UNE MAILLE ENDROIT : après avoir monté le nombre de mailles voulu comme indiqué pages 22 et 23, vous pouvez commencer votre premier rang de tricot. La maille endroit se décompose en quatre gestes simples *(voir photographies)*, à répéter jusqu'à ce que toutes les mailles de l'aiguille gauche soient passées sur l'aiguille droite. Une fois ce rang terminé, passez l'aiguille qui porte les mailles dans votre main gauche. Point mousse : en tricotant toujours des rangs en maille endroit, vous obtenez le point mousse *(voir ci-dessus)*.

deux :
enrouler
En tenant le fil de la main droite, enroulez-le autour de la pointe de l'aiguille gauche pour former une boucle.

trois : ramener

Ramenez vers vous l'aiguille droite, avec le fil, en dehors de la maille de l'aiguille gauche.

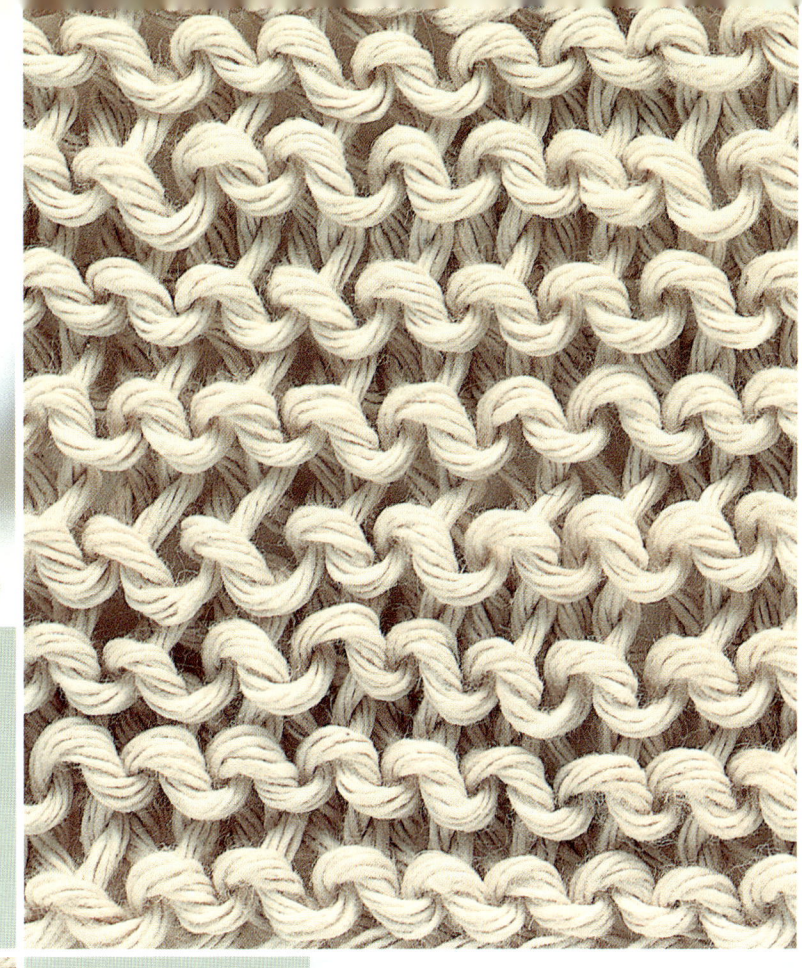

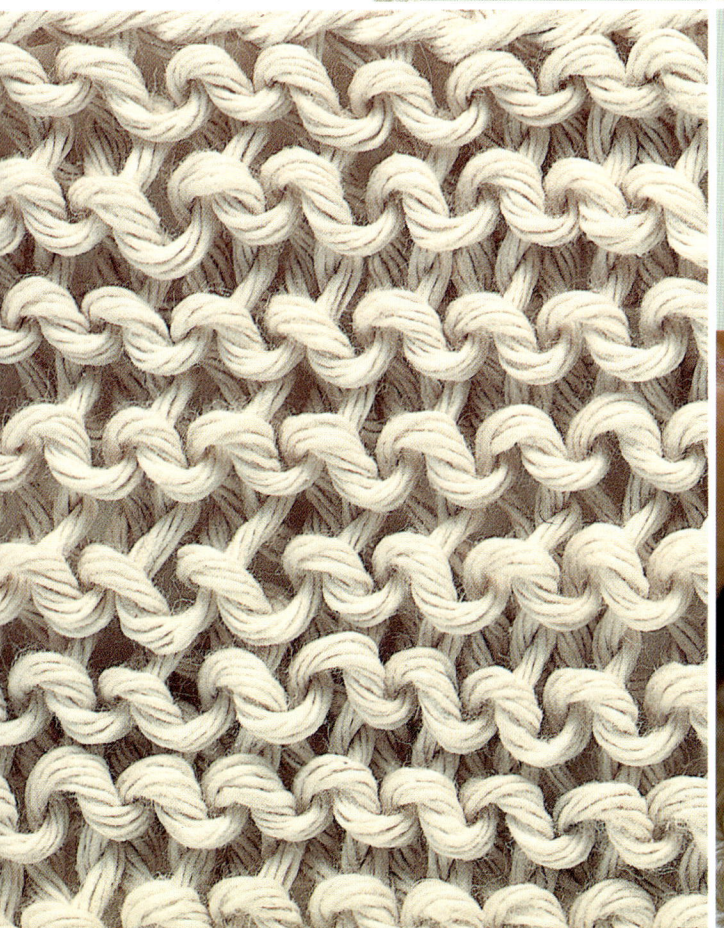

quatre : laisser tomber

Laissez tomber la maille de l'aiguille gauche. La maille endroit se trouve maintenant sur l'aiguille droite.

Techniques de base : maille envers, jersey

un : piquer

Piquez la pointe de l'aiguille droite dans la première maille de l'aiguille gauche, comme sur la photo.

deux : enrouler

En le tenant de la main droite, enroulez le fil autour de la pointe de l'aiguille gauche pour former une boucle.

TRICOTER UNE MAILLE ENVERS : la technique est la même que pour la maille endroit, mais le fil est tenu sur le devant du travail. **Le jersey endroit :** il est obtenu en tricotant alternativement un rang de mailles endroit et un rang de mailles envers : l'endroit du tricot est lisse, l'envers du tricot est strié de rayures. **Le jersey envers :** il est obtenu en tricotant alternativement un rang à l'envers et un rang à l'endroit. L'endroit du tricot est strié, l'envers est lisse. On tricote d'autres points en combinant mailles endroit et mailles envers sur le même rang.

trois : **sortir**

Sortez la nouvelle boucle de l'aiguille droite en dehors de la maille de l'aiguille gauche.

quatre : **laisser tomber**

Laissez tomber la maille de l'aiguille gauche, en gardant la nouvelle maille sur l'aiguille droite.

Techniques de base : augmenter

un : piquer
En début de rang, piquez la pointe de l'aiguille droite dans la première maille de l'aiguille gauche et ramenez une boucle.

deux : glisser
Ne laissez pas tomber la maille de l'aiguille gauche et glissez la boucle obtenue sur l'aiguille gauche.

trois : commencer
Vous avez une maille supplémentaire sur l'aiguille gauche ! Commencez le rang comme d'habitude.

AUGMENTER : c'est ce qui vous permet, avec les diminutions, de donner une forme au tricot. Une des façons les plus simples est de monter de nouvelles mailles à la fin d'un rang, comme vous le feriez pour démarrer (*voir p. 22*), ou de faire une augmentation à l'endroit en début de rang (*voir ci-contre*). Une autre technique consiste à tricoter deux fois la même maille. On tricote la maille une première fois par devant, puis, sans la laisser tomber de l'aiguille, on la tricote une seconde fois, en la prenant par-derrière.

Techniques de base : diminuer

un : piquer

Piquez l'aiguille droite dans deux mailles à la fois (par-devant ou par-derrière) et enroulez le fil autour de l'aiguille.

deux : ramener

En gardant toujours les deux mailles sur l'aiguille gauche, ramenez le fil à travers les deux mailles à la fois.

trois : laisser tomber

Laissez tomber les deux mailles de l'aiguille gauche. Vous obtenez une maille à la place de deux.

DIMINUER : c'est ce qui vous permet, avec les augmentations, de donner une forme au tricot. On peut réduire le nombre de mailles sur un rang en les rabattant comme pour terminer un tricot (*voir page 24*), mais si on veut éviter de créer des « escaliers », il vaut mieux ne diminuer qu'une maille à la fois, en tricotant deux mailles ensemble, à l'endroit ou à l'envers. Pour cela, piquez l'aiguille droite dans les deux premières mailles de l'aiguille gauche (soit par-devant, soit par-derrière), et tricotez-les ensemble.

le salon

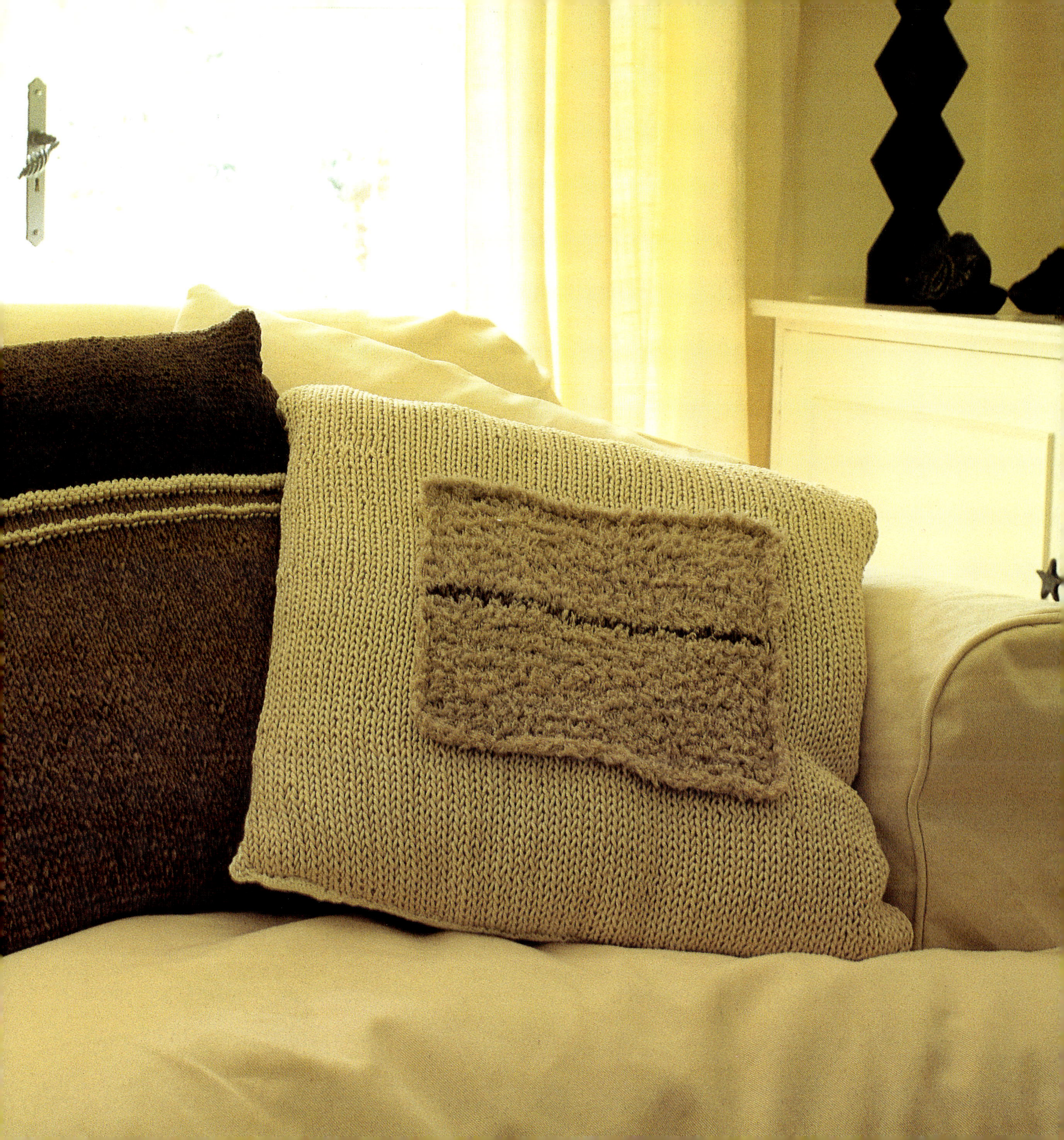

Coussins faciles : coton ou chenille

Tricoté en coton ou en chenille, au point mousse, ce coussin a une belle texture en relief. Pas d'augmentations, de mise en forme ou de finitions particulières. Sa simplicité est son principal atout : une longueur de tricot, juste pliée en deux et cousue. Ce style dépouillé met en valeur la qualité du fil. Par exemple, la chenille donne un aspect beaucoup plus doux, plus luxueux que le pur coton, plus froid.

Vous pouvez aussi essayer de travailler l'alpaga ou le cachemire, ou d'utiliser une ficelle douce pour une touche plus contemporaine. L'emploi des couleurs neutres accentue la texture particulière du fil. Plusieurs coussins en camaïeu se valoriseront les uns les autres. Ce coussin carré mesure 50 cm de côté, mais vous pourrez en modifier la taille à votre guise en appliquant le calcul simple de la page 124.

Savoir-faire : coussins faciles

FOURNITURES POUR LE COUSSIN EN COTON : 10 pelotes de 50 g de coton. Une paire d'aiguilles n° 4. Aiguille à coudre et épingles. Un coussin carré de 50 cm de côté.

RÉALISATION : montez 100 mailles avec les aiguilles n° 4. Tricotez 28 cm au point mousse (toujours à l'endroit). Attachez un fil de couleur à chaque extrémité du rang suivant pour marquer la pliure. Tricotez de nouveau au point mousse pendant 50 cm. Attachez un fil de couleur à chaque extrémité du rang suivant. Tricotez au point mousse jusqu'à 106 cm de hauteur totale. Rabattez.

FINITIONS : pour monter le coussin, étendez le tricot à plat. Pliez le travail sur la première marque de couleur et cousez les côtés ensemble, au point arrière, avec du fil à tricoter. Pliez le travail sur la deuxième marque et cousez les côtés comme précédemment en piquant dans toutes les épaisseurs au niveau du croisement pour faire une enveloppe. Retournez le travail et glissez le coussin à l'intérieur.

En haut à gauche : le coussin en coton forme un contraste intéressant avec la douceur et l'épaisseur de celui en chenille.

En haut à droite : le dos du coussin en coton montre la sobriété du fini de l'enveloppe.

Ci-contre : la texture de ces deux coussins tricotés tous les deux au point mousse mais dans des fils différents contraste avec le plaid au tissage lâche.

FOURNITURES POUR LE COUSSIN EN CHENILLE ÉPAISSE : 5 pelotes de 100 g de chenille. Une paire d'aiguilles n° 5. Aiguille à coudre et épingles. Un coussin carré de 50 cm de côté.

RÉALISATION : montez 75 mailles avec les aiguilles n° 5. Travaillez au point mousse en suivant les explications du coussin en coton.

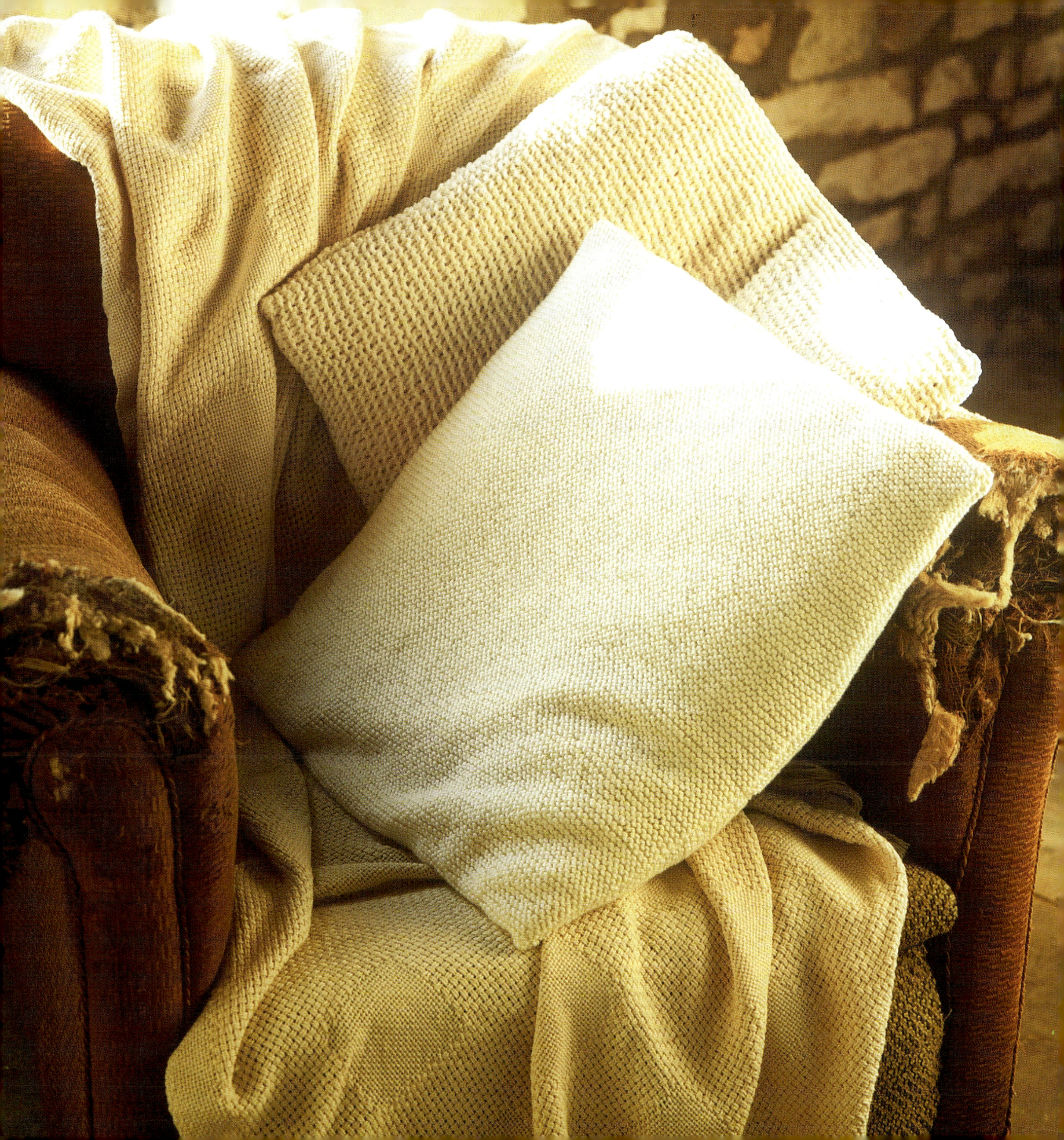

Coussin aux coutures : carrés texturés

Ce coussin, réalisé avec de grosses aiguilles, est en fait l'assemblage de petits carrés de 19 cm de côté, placés en alternance à l'endroit et à l'envers, donnant un effet de matière très intéressant. De plus, les petits carrés sont moins fastidieux à réaliser pour les débutantes que des ouvrages plus importants, c'est pourquoi ce coussin leur est tout particulièrement recommandé.

Réunissez les carrés par des coutures apparentes pour apporter une note moderne à cet ouvrage. Pour donner une touche de couleur harmonisée avec votre intérieur, vous pouvez surpiquer les coutures avec une laine ayant un coloris contrasté. Mais vous pouvez également réaliser une des broderies présentées pages 42 et 43.

Savoir-faire : coussin aux coutures

FOURNITURES : 9 pelotes de 50 g de fil « feutré ». Une paire d'aiguilles n° 7. Aiguille à coudre et épingles. Un coussin de 55 cm de côté.

RÉALISATION : pour le devant du coussin, montez 21 mailles avec les aiguilles n° 7. Pour former un carré, tricotez en jersey endroit, en alternant 1 rang endroit et 1 rang envers pendant 19 cm. Rabattez. Tricotez 8 autres carrés semblables.
Pour l'arrière du coussin, montez 61 mailles avec les aiguilles n° 7. Tricotez au point mousse (toujours à l'endroit) pendant 6 cm (pour former une bordure plus rigide). Continuez en jersey endroit (alternez un rang endroit et un rang envers) jusqu'à 33 cm de hauteur totale. Rabattez. Tricotez un autre morceau semblable.

À gauche : tenez les 2 pièces pour commencer la couture, épinglez et cousez.

Au centre : disposez les carrés les uns à côté des autres en alternant face lisse et face en relief.

À droite : l'arrière est formé de 2 morceaux qui se chevauchent.

Ci-contre : les coutures extérieures de ces carrés assemblés apportent un effet de relief au coussin.

MONTAGE : repassez légèrement à la vapeur les 9 petits carrés pour faire ressortir les points et donner du volume à votre tricot sans l'écraser. Disposez-les en une grille de 3 carrés en largeur et 3 carrés en hauteur. Retournez un carré tricoté sur 2 pour que les faces lisses et les faces en relief alternent et forment un damier. Assemblez les carrés avec un simple point arrière.
Repassez légèrement les deux pièces de l'arrière. Superposez les bordures au point mousse pour obtenir un carré de 55 cm de côté, en plaçant un des morceaux sur l'endroit et l'autre sur l'envers.
Épinglez puis assemblez le devant et l'arrière par une piqûre tout autour, en laissant toutes les coutures à l'extérieur. Glissez le coussin à l'intérieur.

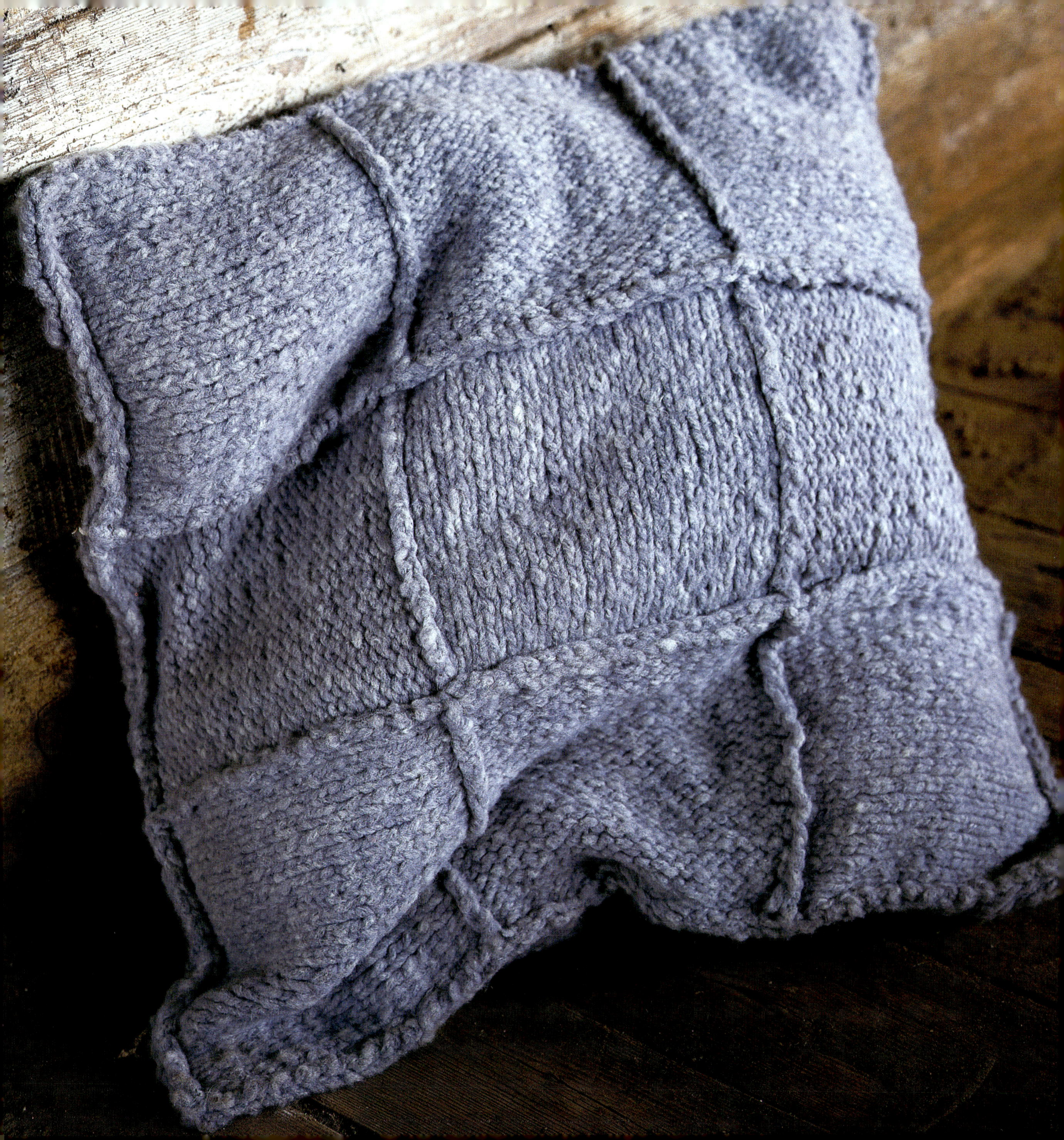

Idées de broderie

Pas besoin de techniques très compliquées pour embellir un ouvrage. Quelques points de broderie, simples, suffisent pour créer un motif et ajouter une touche d'originalité.

En haut à gauche : utilisez une couleur contrastée du même fil et cousez en diagonale, au point avant (dessus-dessous). Brodez une seconde rangée de points irréguliers, à côté des premiers, comme à main levée.

En haut au centre : surpiquez avec une couleur contrastée le long de la couture de deux carrés de couleurs différentes.

En haut à droite : avec un fil de même texture mais de couleur contrastée, travaillez au point avant pour dessiner une grande croix au milieu du grand carré.

En bas à gauche : les coutures apparentes donnent du relief. Pour davantage d'effet, surpiquez les coutures avec un fil contrastant.

En bas au centre : pour faire un « nœud », faites plusieurs points avant d'un fil de couleur au même endroit en laissant de longues boucles. Coupez les boucles, nouez les fils et égalisez.

En bas à droite : le point de croix est d'une belle simplicité sur du jersey envers.

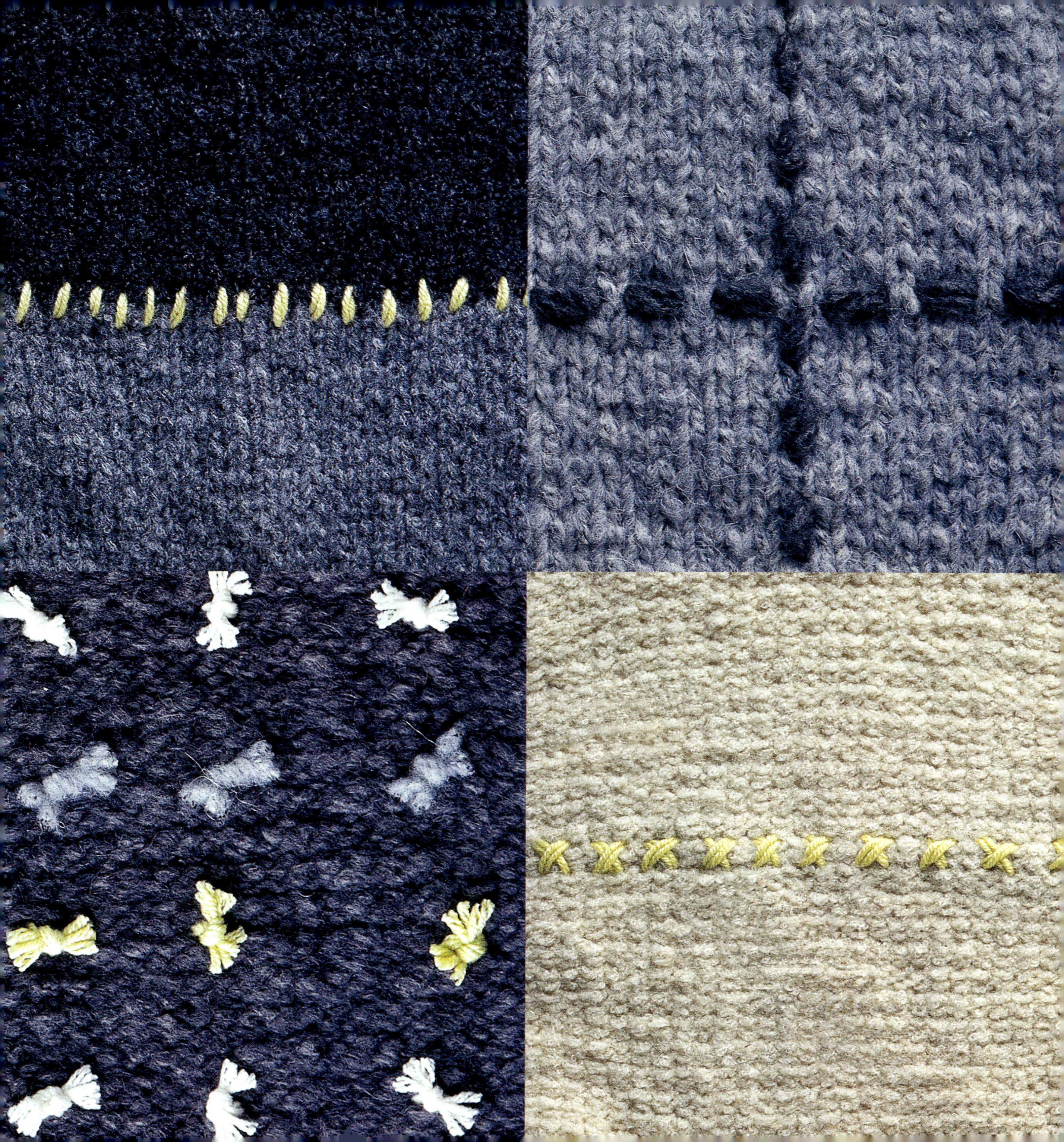

Coussin rayé : ficelle et chenille

On s'en fait toute une montagne, mais tricoter des rayures n'est pas plus dur que de tricoter de l'uni. Il suffit simplement, au début d'un rang, de prendre un fil d'une autre couleur. Mais vous pouvez aussi varier les matières, comme la ficelle qui, en rayure dans ce coussin, fait ressortir le velours de la chenille de coton.

Si vous changez de couleur en tricotant du jersey endroit, le bord des rayures sera rectiligne. Mais si vous changez en tricotant du jersey envers, les mailles envers formeront une ligne brisée de couleur. Le même nombre de rangs peut être repris pour chaque couleur ou peut varier pour créer des rayures inégales.

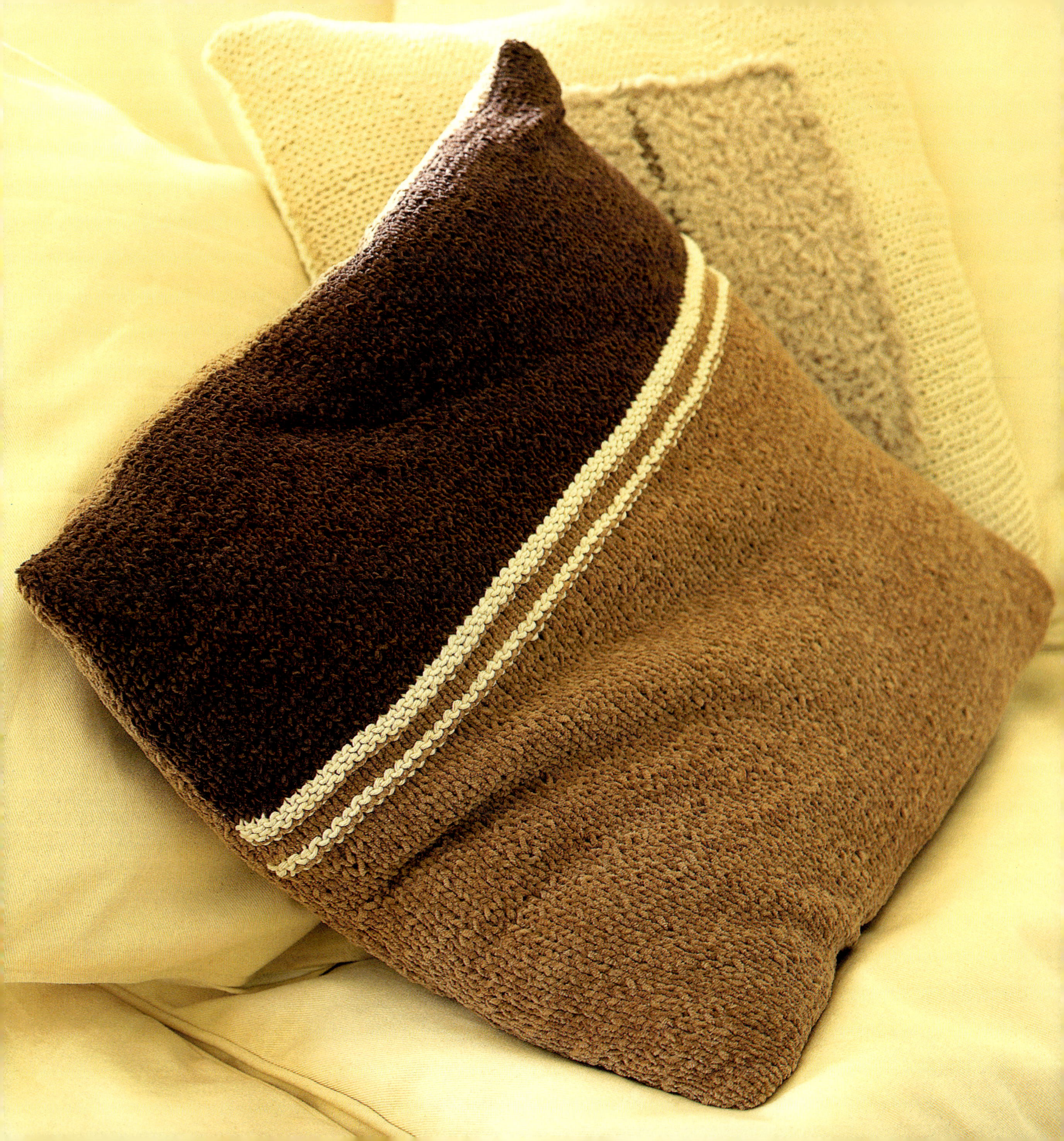

Savoir-faire : coussin rayé

À droite : tricotez à l'envers sur l'endroit, avec une nouvelle couleur, pour former une ligne brisée.

En bas : l'ouverture, au dos du coussin, est rebrodée d'une couleur contrastée.

À gauche : une rayure de ficelle accentue l'aspect velouté de la chenille.

FOURNITURES : 4 pelotes de 100 g de chenille épaisse en brun clair et 1 pelote de chenille fine en brun foncé. Une petite pelote de ficelle de grosseur moyenne, coloris naturel. Une paire d'aiguilles n° 4. Aiguille à coudre et épingles. Un coussin carré de 50 cm de côté.

RÉALISATION : le coussin est fait en un seul morceau. Montez 80 mailles brun clair avec les aiguilles n° 4. Tricotez 61,5 cm en jersey endroit. Prenez la ficelle et tricotez 2 rangs de jersey envers (commencez par un rang envers sur l'endroit du travail). Changez de nouveau pour le brun clair et tricotez 4 rangs de jersey endroit. Prenez la ficelle et tricotez 3 rangs de jersey envers. Prenez la chenille brun foncé, en double, et tricotez en jersey endroit jusqu'à 82 cm de hauteur totale. Changez pour le coloris brun clair (un seul fil) et continuez en jersey endroit jusqu'à 114 cm de hauteur totale. Prenez 2 fils brun foncé, tricotez encore un rang puis rabattez toutes les mailles en serrant.

MONTAGE : mesurez puis marquez 2 lignes de pliure – la première à 32 cm du rang de montage (une l'ouvrage fois plié, le rang de montage arrive au niveau du premier rang de brun foncé) et la seconde à 32 cm du rang d'arrêt. Pliez le travail endroit contre endroit en veillant à ce que le rang d'arrêt brun foncé soit en dessous du rang de montage brun clair. Les deux extrémités se croisent de 14 cm. Cousez les côtés de la housse, au point arrière, en piquant dans toutes les épaisseurs au niveau du croisement. Retournez et glissez le coussin à l'intérieur.

48 le salon

Idées de rayures

RAYURES VARIÉES : ajouter des rayures est un moyen facile de donner de la couleur ou du relief à votre tricot, ou simplement de tirer parti de restes de fil. Les possibilités de variations sont infinies : régulières ou irrégulières, colorées, contrastées, étroites ou larges, rugueuses ou douces.

En haut à gauche : un simple rang envers d'une couleur contrastée sur l'endroit de l'ouvrage crée un relief.

En haut au centre : des rayures composées d'un seul rang de jersey envers, à intervalles réguliers, créent un point très structuré.

En haut à droite : ajoutez un carré tricoté en laine mousseuse, barré d'une rayure en fil métallique au centre, pour éclairer un coussin rustique en ficelle naturelle.

En bas à gauche : les rayures en jersey et dans d'autres points peuvent alterner.

En bas au milieu : ces très larges rayures en chenille ont été tricotées en jersey endroit et jersey envers.

En bas à droite : l'alternance des tons et des points permet de varier à l'infini les compositions.

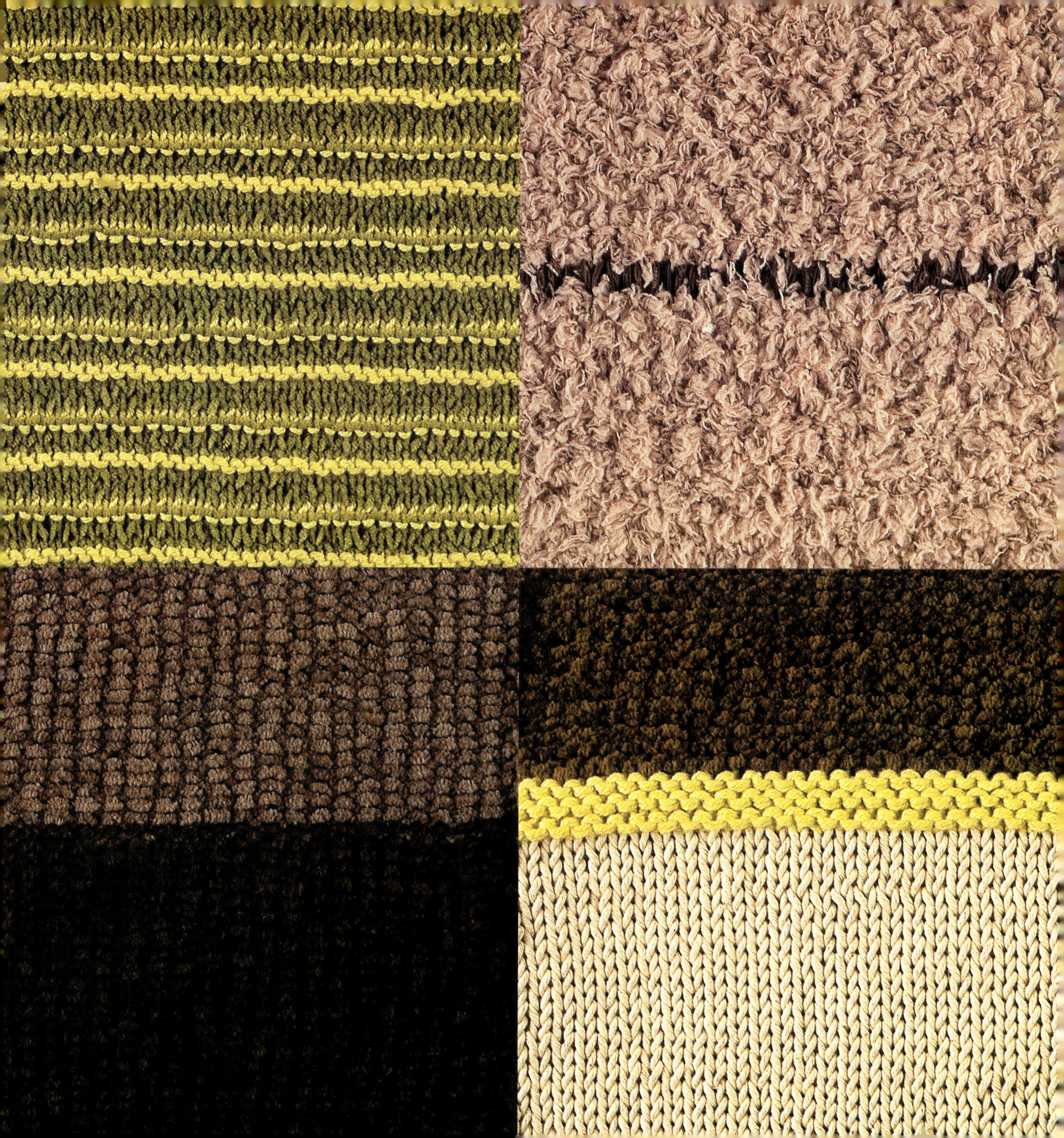

Plaid bordé : franges perlées

Ce plaid en chenille, directement inspiré des salons de jadis, est tricoté en quatre longs morceaux qui alternent des carrés de jersey endroit et de jersey envers. Il mesure approximativement 128 x 111 cm, mais vous pourrez adapter sa taille si vous le désirez – il suffira d'arrêter le travail quand vous aurez la longueur voulue. On ne peut plus simple !

Les poils veloutés de la chenille, de coton ou de viscose, ont tendance à « vriller » et n'ont aucune élasticité. Aussi, pour pallier cet inconvénient et obtenir des bords soignés, montez toujours les mailles sur des aiguilles plus grosses que celles avec lesquelles vous tricotez ensuite. Des perles de verre argentées cousues à des franges de chenille apportent un fini original à ce plaid.

Savoir-faire : plaid bordé

FOURNITURES : 10 pelotes de 100 g de chenille de coton épaisse, 1 paire d'aiguilles n° 4,5 et n° 5. Aiguille à coudre et épingles. Un crochet. Perles de bois et de verre.

RÉALISATION : montez 48 mailles avec les aiguilles n° 5. Prenez les aiguilles n° 4,5 et continuez ainsi : 1er rang : 12 mailles envers, passez le fil sur l'arrière du travail entre deux mailles et tricotez 12 mailles endroit, passez le fil devant le travail pour tricoter 12 mailles envers puis passez de nouveau sur l'envers pour terminer par 12 mailles endroit. 2e au 16e rang : répétez 15 fois le premier rang. 17e rang : 12 mailles endroit, 12 mailles envers, 12 mailles endroit, 12 mailles envers. 18e au 32e rang : répétez 15 fois le 17e rang. Répétez ces 32 rangs jusqu'à avoir un total de 16 rangées de damier.

À gauche : pour les franges, passez des fils doubles à travers le tricot, le long de la bordure.

Au milieu : passez les extrémités du fil dans la boucle et serrez.

À droite : enfilez des perles sur les franges en fil simple et faites un nœud pour les bloquer.

Ci-contre : ce plaid demande un peu de temps, mais sa simplicité le met à la portée des débutantes.

Le travail mesure environ 110 cm. Rabattez avec les aiguilles n° 5. Tricotez 3 autres morceaux semblables.

MONTAGE : cousez ensemble les quatre bandes en alternant les damiers. Pour les franges perlées du rang de montage et du rang d'arrêt, coupez des morceaux de 30 cm. Ce travail sera plus facile si vous enroulez le fil autour d'un carton de 30 cm puis coupez les extrémités. Prenez 2 brins de fil, pliez-les en 2, puis, avec le crochet, passez la boucle à travers le tricot. Glissez les extrémités coupées dans la boucle et serrez. Garnissez ainsi le bas et le haut du plaid en alternant les franges avec un seul fil et celles avec 2 fils. Glissez des perles sur les fils simples, à différentes hauteurs, et nouez pour les bloquer.

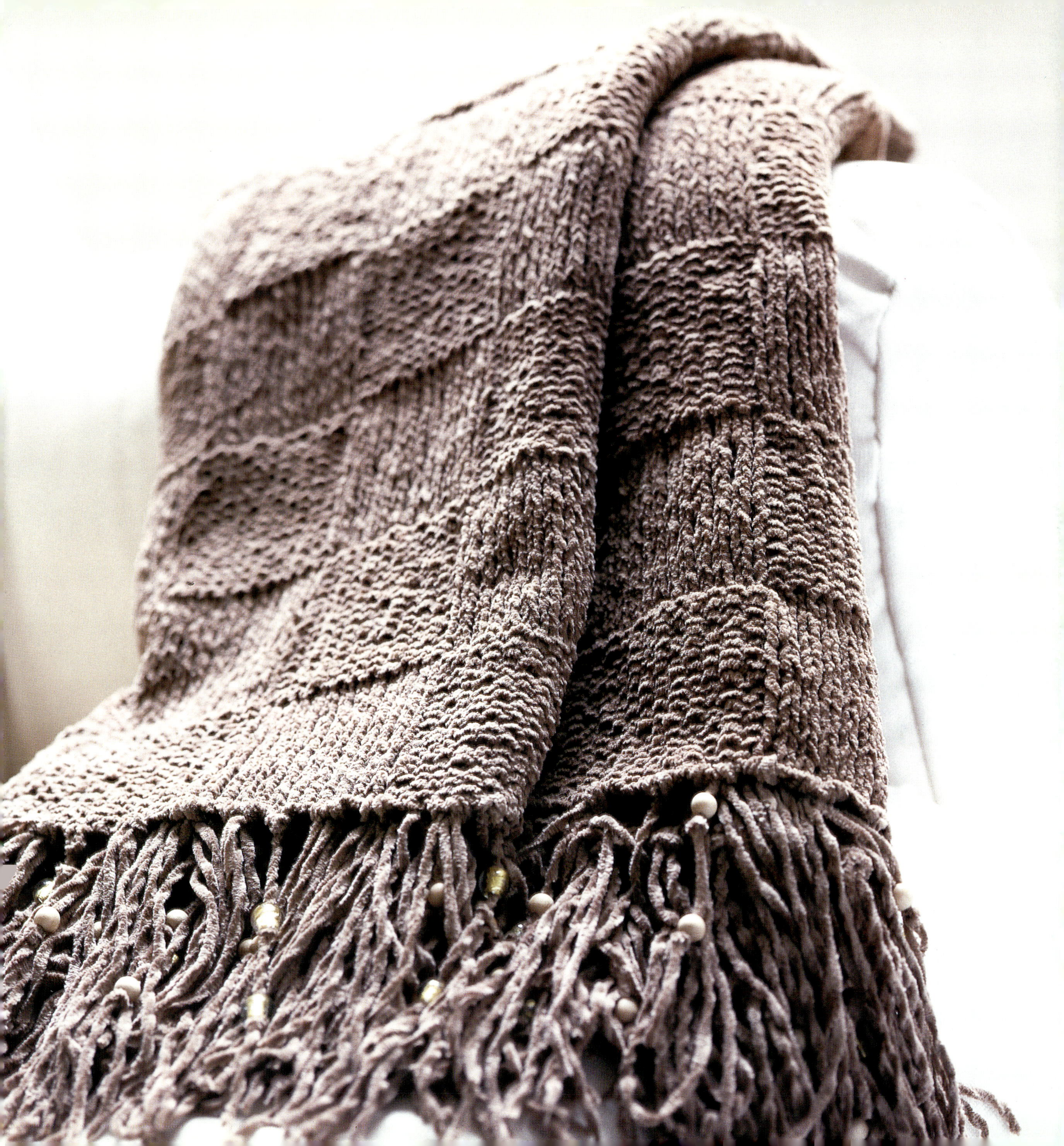

Grand coussin : camaïeu de gris

Les fils utilisés pour les grandes rayures de ce coussin sont tricotés ensemble, ce qui donne un dégradé de tons harmonieux et une texture originale. La seule difficulté de cet ouvrage consiste dans les rayures, mais il ne faut pas se laisser impressionner, il suffit de changer de couleur de pelote à la fin de chaque rayure. Elles sont obtenues en combinant la surface en relief du jersey envers et la surface lisse du jersey endroit. Pour ne pas confondre la face endroit et la face envers de votre travail, marquez l'endroit en commençant la première rayure. Le dessus du coussin est composé de trois bandes cousues ensemble pour former un carré. Le dessous est tricoté d'une seule pièce, dans une seule couleur.

Savoir-faire : grand coussin

FOURNITURES : 3 pelotes de 50 g d'alpaga crème, 1 pelote gris clair et 1 pelote gris foncé ; 8 pelotes de 50 g de fil bouclé ivoire, 2 pelotes gris moyen et 1 pelote gris foncé ; 1 pelote de 50 g en fine chenille de coton noir. Une paire d'aiguilles n° 5. Aiguille à coudre et épingles. Un coussin carré de 72 cm de côté.

COULEURS : la teinte de chaque rayure est obtenue en tricotant ensemble 2 fils pour obtenir une nouvelle texture et une nouvelle couleur.
- **A (blanc cassé) :** 1 fil alpaga crème et 1 fil bouclé ivoire.
- **B (gris clair) :** 1 fil alpaga gris clair et 1 fil bouclé gris moyen.
- **C (noir) :** 1 fil bouclé gris foncé et 1 fil chenille noir (le fil obtenu sera légèrement plus épais que les autres).
- **D (gris pastel) :** 1 fil alpaga gris clair et 1 fil bouclé ivoire.
- **E (gris foncé) :** 1 fil alpaga gris foncé et 1 fil bouclé gris foncé.

À gauche : un rang d'une autre couleur tricoté en jersey envers sur du jersey endroit donne une ligne de couleur en relief. Dans le jersey endroit, le changement de couleur donne des rayures aux bords et à la surface lisses.

À droite : ce grand coussin carré de 72 cm de côté est tricoté avec un fil moelleux, dans des rayures ton sur ton. En fait, le dessus est composé de 3 bandes rectangulaires, ensuite assemblées pour former un carré.

RÉALISATION : la partie entre les étoiles (*) doit être répétée le nombre de fois indiqué. Exemple : * 3 rangs D en jersey endroit, 1 rang C en jersey envers * 3 fois signifie qu'il faut tricoter 3 fois ces 4 rangs pour obtenir 12 rangs. Pour le dessous du coussin, montez 101 mailles avec les aiguilles n° 5, avec le coloris A. Tricotez en jersey endroit pendant 72 cm puis rabattez. Le dessus du coussin est en 3 morceaux. Il est composé de 2 pièces latérales et d'une pièce centrale. Pour chaque pièce latérale, montez 25 mailles A avec les aiguilles n° 5. Tricotez 18 rangs en jersey endroit, 18 rangs B et 1 rang A en jersey envers, 33 rangs A en jersey endroit, 28 rangs B et 1 rang A en jersey envers, 33 rangs A en jersey endroit, 18 rangs B et 1 rang A en jersey envers, 17 rangs A en jersey endroit. Rabattez. Tricotez un second morceau semblable. Pour la pièce centrale, montez 50 mailles D avec les aiguilles n° 5. Tricotez 6 rangs D, 6 rangs C et 6 rangs D en jersey endroit, 18 rangs B et 1 rang D en jersey envers, 3 rangs D et 10 rangs E en jersey endroit, * 3 rangs D en jersey endroit, 1 rang C en jersey envers * 3 fois, 8 rangs D en jersey envers, 28 rangs B et 1 rang D en jersey envers, 7 rangs D en jersey endroit, * 1 rang C en jersey envers, 3 rangs D en jersey endroit * 3 fois, 10 rangs E et 4 rangs D en jersey endroit, 18 rangs B et 1 rang D en jersey envers, 5 rangs D, 6 rangs C et 6 rangs D en jersey endroit. Rabattez en D.

MONTAGE : épinglez les 3 bandes du dessus endroit contre endroit, en raccordant les rayures B. Cousez au point arrière avec 2 brins d'alpaga crème. Épinglez avant et arrière endroit contre endroit, cousez le tour en laissant un côté ouvert. Retournez. Glissez le coussin à l'intérieur. Fermez le dernier côté.

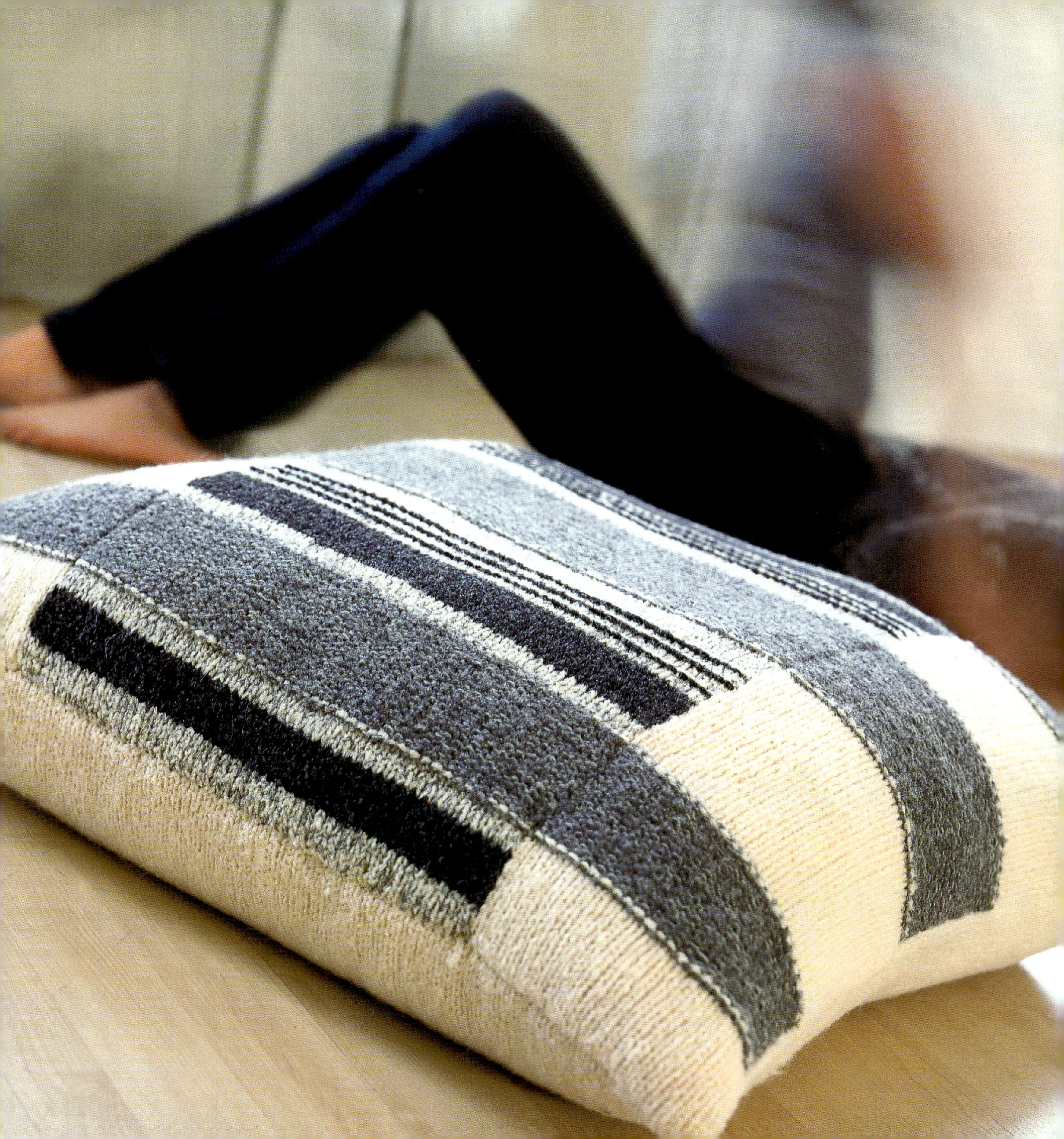

Chemin de table : rayures et perles

Réalisé en ficelle naturelle et en coton, ce chemin de table est tricoté avec de grosses aiguilles. Il est idéal pour les débutantes, tant pour sa simplicité que pour sa rapidité. Il sera confectionné en un tournemain. Vous pourrez alors, en variant les couleurs et les matières, en fabriquer pour toutes les pièces de la maison, selon votre inspiration du moment.

Le chemin de table présenté ici, terminé à chaque extrémité par une bordure de raphia, trouve son originalité dans la rangée de perles qui y a été fixée. Mais vous pouvez aussi y accrocher des franges en coton, de la même teinte ou d'une couleur contrastant. Vous pouvez aussi tout simplement jouer la sobriété, et le laisser tel quel.

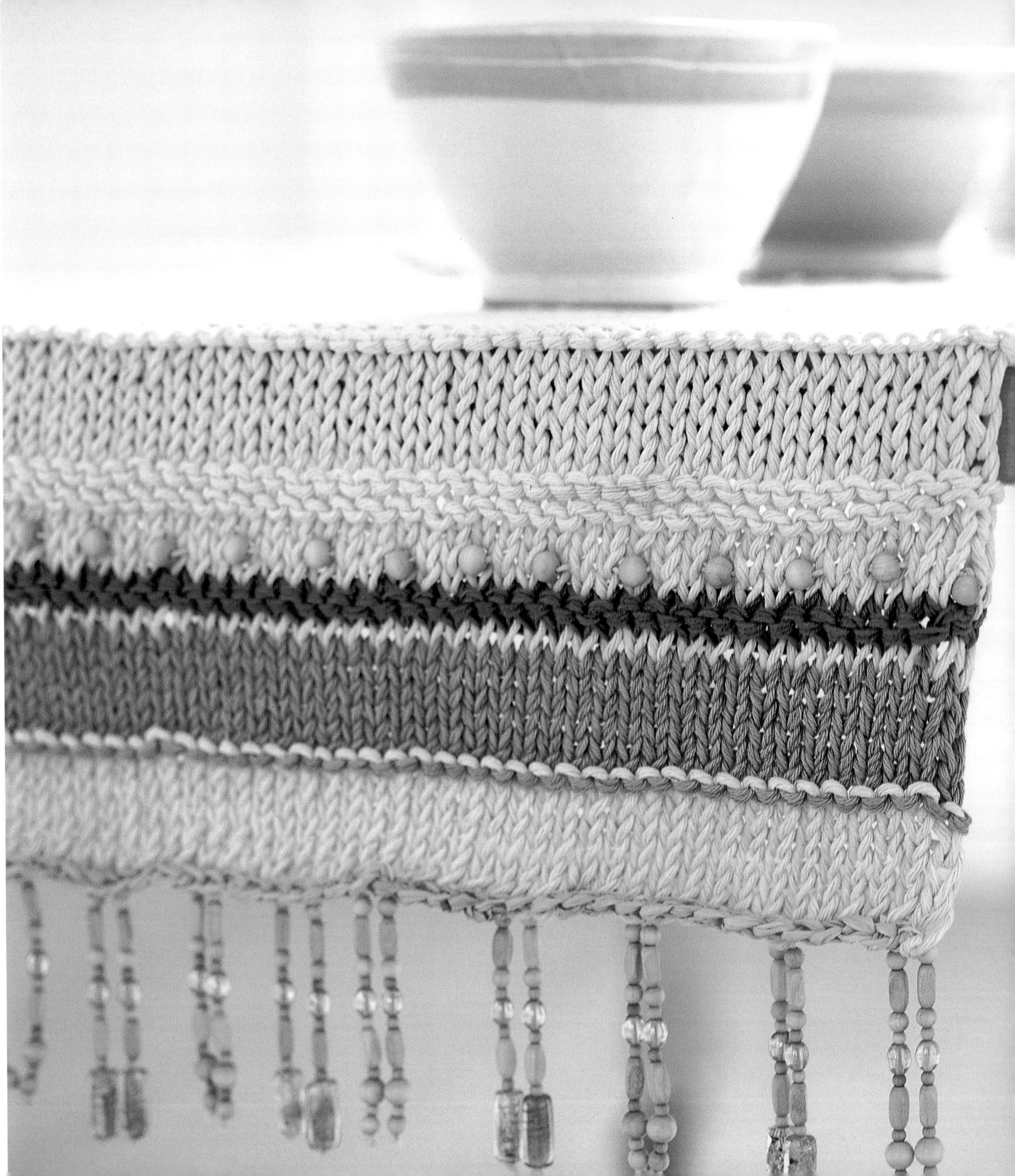

Savoir-faire : chemin de table

Continuez en jersey endroit avec la ficelle jusqu'à ce que le travail mesure 33 cm depuis la dernière rayure à l'envers, en terminant par 1 rang envers. Tricotez le rang suivant à l'envers avec 3 brins de coton vert olive puis continuez en jersey endroit jusqu'à ce que cette rayure mesure 25 cm, en terminant par 1 rang envers. Tricotez le rang suivant à l'envers avec la ficelle puis continuez en jersey endroit jusqu'à ce que cette rayure mesure 33 cm, en terminant par 1 rang envers. Pour terminer le chemin de table, tricotez à reculons, du 27e au 1er rang, puis rabattez avec le raphia.

MONTAGE : rentrez tous les fils sur l'envers. Enfilez des perles sur des longueurs de ficelle et attachez-les aux extrémités du chemin de table. Cousez des perles sur la troisième rayure de chaque extrémité.

FOURNITURES : 1 écheveau de raphia naturel, 6 pelotes de ficelle moyenne, 3 pelotes de 50 g de coton glacé olive foncé et 1 pelote vert clair, 1 pelote de ficelle fine pour enfiler les perles. Une paire d'aiguilles n° 6. Grosse aiguille à coudre. Perles.

RÉALISATION : avec les aiguilles n° 6 et le raphia, montez 45 mailles. 1er au 6e rang : en jersey endroit avec la ficelle moyenne. 7e rang : à l'envers avec 3 brins de coton vert clair. 8e au 12e rang : continuer en jersey endroit avec le coton vert clair. 13e rang : à l'endroit avec la ficelle. 14e rang : à l'envers avec 3 brins de coton vert olive. 15e rang : à l'envers avec 3 brins de coton vert olive. 16e au 19e rang : en jersey endroit avec la ficelle. 20e rang : à l'endroit avec la ficelle. 21e rang : à l'envers avec la ficelle. 22e au 26e rang : en jersey endroit avec la ficelle. 27e rang : à l'envers avec la ficelle.

À gauche : des bandes de perles symétriques sont cousues à intervalles réguliers à la bordure.

En haut à droite : le mélange ficelle coton donne un côté rustique.

En bas à droite : enfilez les perles sur de la ficelle fine.

Coussins aux perles : chenille et jersey

Pour faire le coussin à rabat, vous devez juste tricoter une longue bande, la plier en deux, coudre les côtés, garnir les extrémités de perles, glisser un coussin à l'intérieur et rabattre l'excédent. Le coussin de chenille, en jersey envers, est également décoré de perles, mais seulement dans les angles, et son ouverture est croisée sur l'arrière.

Ces coussins peuvent se décliner à l'infini, puisque vous pouvez varier les matières et les tailles (*voir page 124*), mais aussi les motifs de perles et les perles elles-mêmes. Vous en trouverez facilement dans les merceries, mais vous pouvez aussi utiliser des perles de colliers dénichés dans des brocantes et les marchés aux puces.

Savoir-faire : coussins aux perles

FOURNITURES POUR LE COUSSIN À RABAT : 250 g de fil de lin fin et 1 pelote dans une couleur contrastée. Une paire d'aiguilles n° 3,5. Aiguille à coudre et épingles. Perles. Un coussin de 40 x 30 cm.

RÉALISATION : montez 112 mailles avec le fil contrasté. Tricotez 4 rangs au point mousse pour faire une bordure. Avec le fil principal, tricotez 101,5 cm de jersey endroit puis, avec le fil contrasté, 4 rangs au point mousse. Rabattez.

MONTAGE : repassez légèrement à la vapeur (sauf sur le point mousse, vous risqueriez de l'écraser). Pliez le tricot endroit contre endroit. Cousez les côtés au point arrière. Retournez. Glissez le coussin à l'intérieur et laissez l'excédent de tricot se plier pour former un rabat. Cousez des perles tout le long de l'ouverture, à intervalles réguliers. Pour les franges de perles, enfilez des perles sur des morceaux de fils, nouez pour maintenir les perles en place puis cousez tout autour de l'ouverture de la housse à intervalles réguliers.

FOURNITURES POUR LE COUSSIN EN JERSEY ENVERS : 3 pelotes de 100 g de chenille de coton épaisse. Une paire d'aiguilles n° 4, une n° 4,5 et une n° 5. Aiguille à coudre et épingles. Perles. Fil solide. Un coussin de 40 x 30 cm.

RÉALISATION : avec les aiguilles n° 5, montez 62 mailles Avec les aiguilles n° 4,5, tricotez 68 cm de jersey envers en nouant un fil de couleur à chaque extrémité du rang à 21 et à 51 cm de hauteur totale pour marquer les lignes de pliure. Rabattez avec les aiguilles n° 4.

MONTAGE : repassez légèrement à la vapeur. Pliez le tricot endroit contre endroit au niveau des marques de couleur en superposant les deux extrémités au milieu. Cousez les côtés au point arrière. Retournez. Enfilez des perles sur des longueurs de fil. Fixez ces décorations dans les 2 angles supérieurs de la housse.

Ci-contre à gauche : des fils garnis de perles sont fixés le long de la bordure du coussin à rabat.

Ci-contre à droite : des grappes de perles décorent les angles du coussin en jersey envers.

Sur cette page : le coussin à rabat est tricoté dans un fil de lin fin et le coussin aux perles, en jersey envers, dans une épaisse chenille de coton.

Idées de perles

Que vos perles soient en bois, en verre, en métal, en pierre, en nacre ou en céramique, qu'elles soient rondes, ovales, ou carrées, à facettes ou régulières, opaques, transparentes, givrées ou polies, il y a mille façons de les utiliser pour orner votre tricot. Voici quelques décorations simples à coudre sur le tricot et non à tricoter avec le fil. Jouez sur les reliefs et les couleurs.

En haut à gauche : les côtes sont garnies de perles de bois naturel.

En haut au centre : des fils avec de longues perles métalliques et des pastilles en noix de coco alternent avec de petites perles nouées sur des cordons terminés par un anneau en noix de coco.

En haut à droite : un lacet de cuir est passé à travers un bouton caché à l'intérieur. Les extrémités du lacet sont décorées de perles de verre et de bois enfilées au hasard.

En bas à gauche : des perles de même ton, disposées suivant un motif simple, créent une bordure géométrique.

En bas au centre : une rangée de perles de bois se fond bien avec de la ficelle rehaussée de raphia.

En bas à droite : dispersées au hasard, de simples lignes de perles de verre sont d'un effet raffiné.

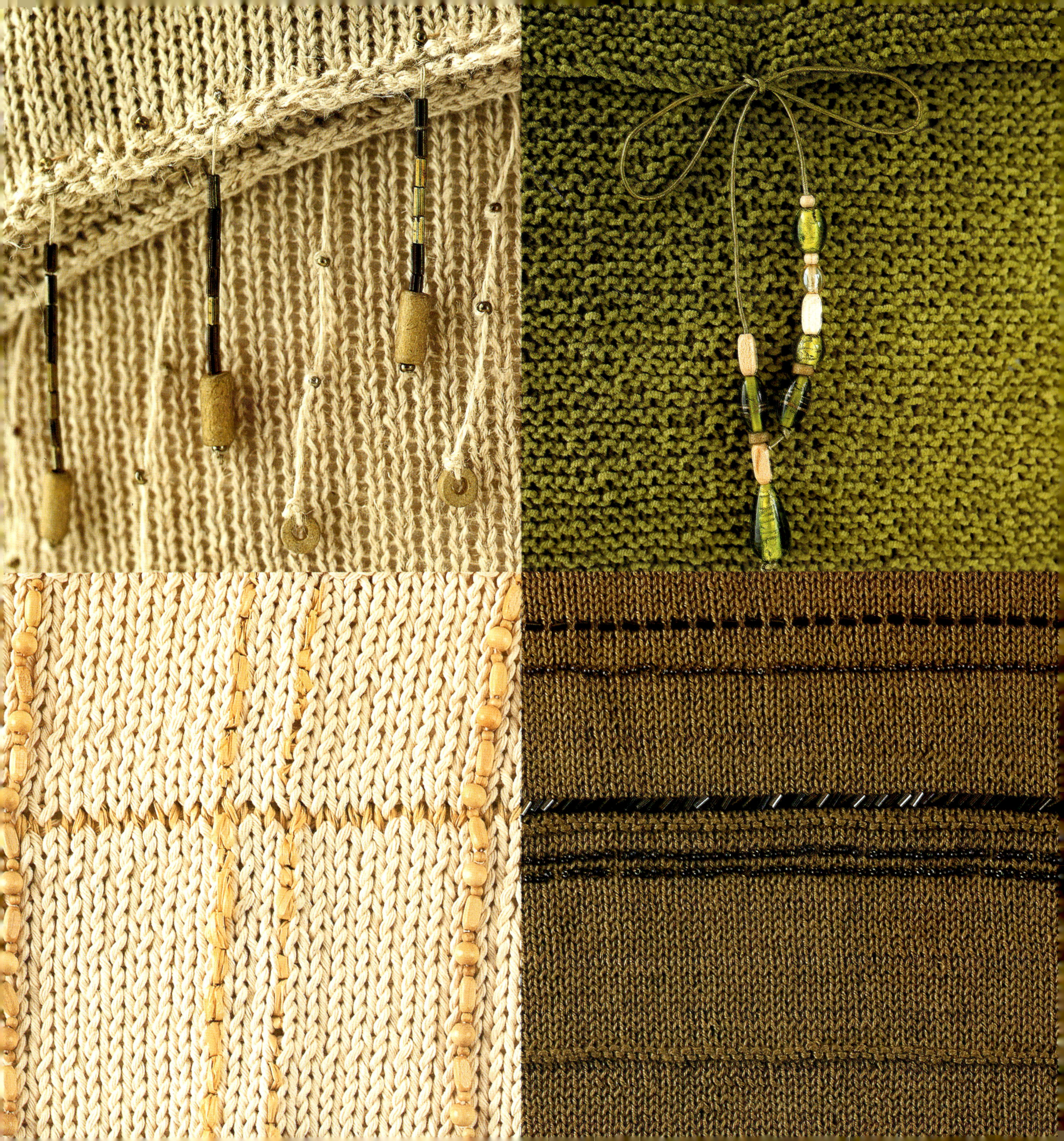

la chambre

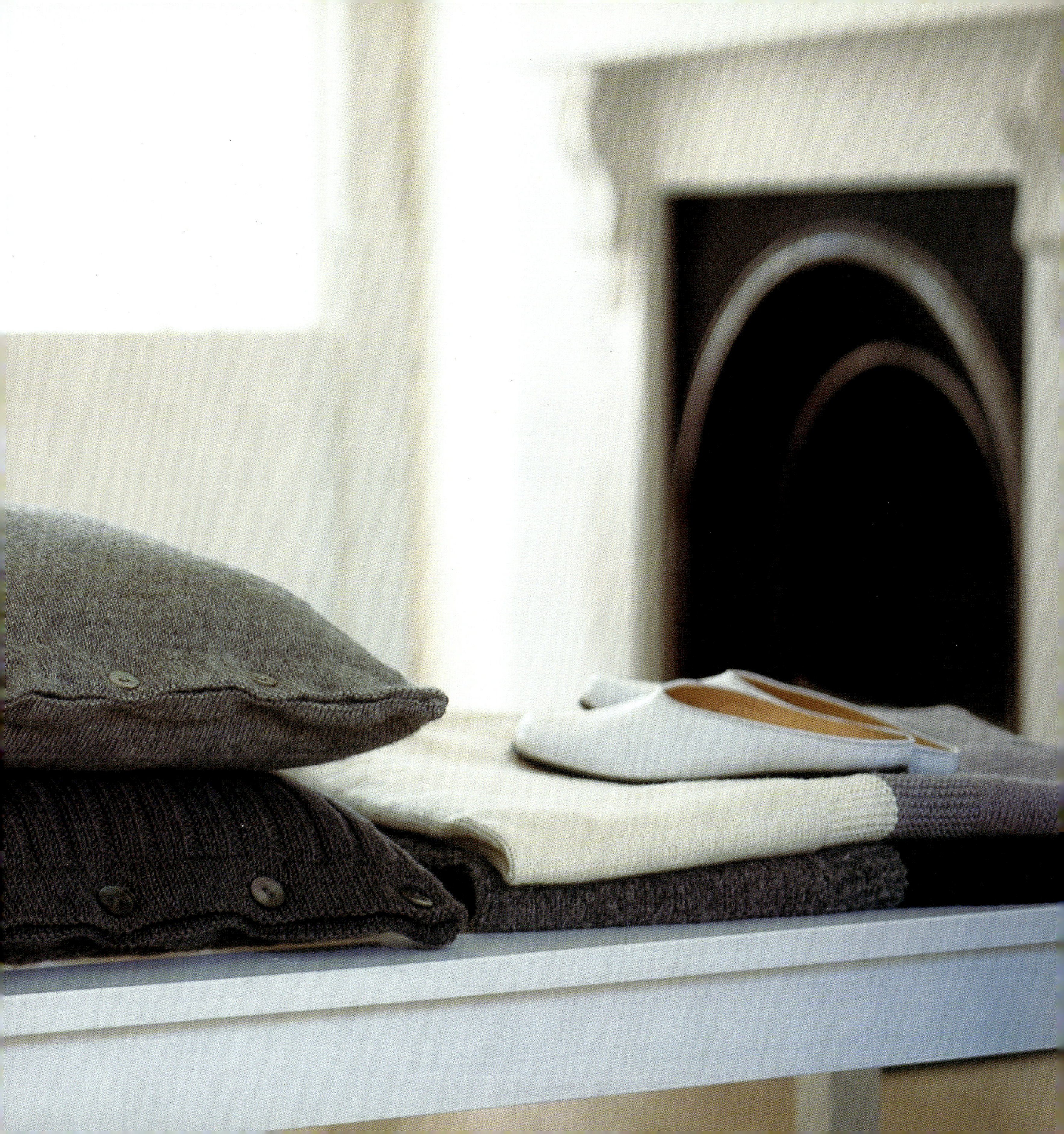

Plaid de carrés : en fil « feutré »

Réalisé dans le plus léger, le plus gonflant et le plus à la mode des fils à tricoter, ce grand plaid est chaud, douillet et agréable au toucher. Pour le confectionner, vous devrez seulement tricoter des bandes de carrés de jersey endroit et de jersey envers puis les assembler. Il est donc très rapide à tricoter. Le patron de carrés alternés est le même que celui du plaid bordé de franges perlées *(voir pages 52 à 55)*, mais la taille des carrés et le toucher du fil en modifient complètement l'aspect. Pour les bordures, vous tricoterez quatre longues bandes de jersey endroit et les coudrez aux bords du plaid, en les assemblant dans les angles. Laissez cette bordure se rouler simplement sur elle-même.

Savoir-faire : plaid de carrés

FOURNITURES : 35 pelotes de 50 g de fil « feutré ». Une paire d'aiguilles n° 7,5. Grosse aiguille à coudre et épingles.

RÉALISATION : pour les carrés centraux, montez 60 mailles. 1ᵉʳ rang : tricotez 30 mailles endroit, passez le fil sur l'avant du travail, entre les 2 aiguilles, puis tricotez 30 mailles envers. Répétez ce rang de manière à ce que 30 mailles soient tricotées en jersey endroit et 30 mailles en jersey envers jusqu'à 30,5 cm. Rang suivant : pour donner un effet de damier, vous devez maintenant tricoter les 30 premières mailles à l'envers et les 30 dernières à l'endroit. Répétez ce rang jusqu'à ce que le travail mesure 61 cm. Rabattez. Tricotez 9 carrés semblables. Pour les bordures, montez 5 mailles. Tricotez en jersey endroit en glissant la première maille de chaque rang sur votre aiguille droite sans la tricoter pour obtenir des lisières nettes et soignées. Tricotez 4 bordures semblables de 180 cm. Rabattez.

En haut à gauche : la bordure est faite de longues bandes de jersey endroit, assemblées dans les angles, qui se roulent sur elles-mêmes.

En haut à droite : alternance de simples carrés de jersey endroit et de jersey envers.

Ci-contre : ce plaid, réalisé dans un fil doux, rehaussé de lin, mesure, une fois terminé, 183 x 183 cm.

MONTAGE : rentrez les extrémités de tous les fils sur l'envers du tricot. Disposez les 9 carrés les uns à côté des autres, 3 dans la largeur et 3 dans la hauteur. Épinglez les carrés ensemble en veillant à ce que les points des carrés forment un damier. Cousez sur l'envers. Épinglez puis cousez une bordure sur un côté du plaid de manière à ce qu'elle dépasse de 4 cm à une extrémité. Épinglez puis cousez une autre bordure sur le deuxième côté, en cousant une extrémité au morceau qui dépasse et en laissant dépasser 4 cm à l'autre extrémité. Posez de la même façon la troisième et la quatrième bordure.

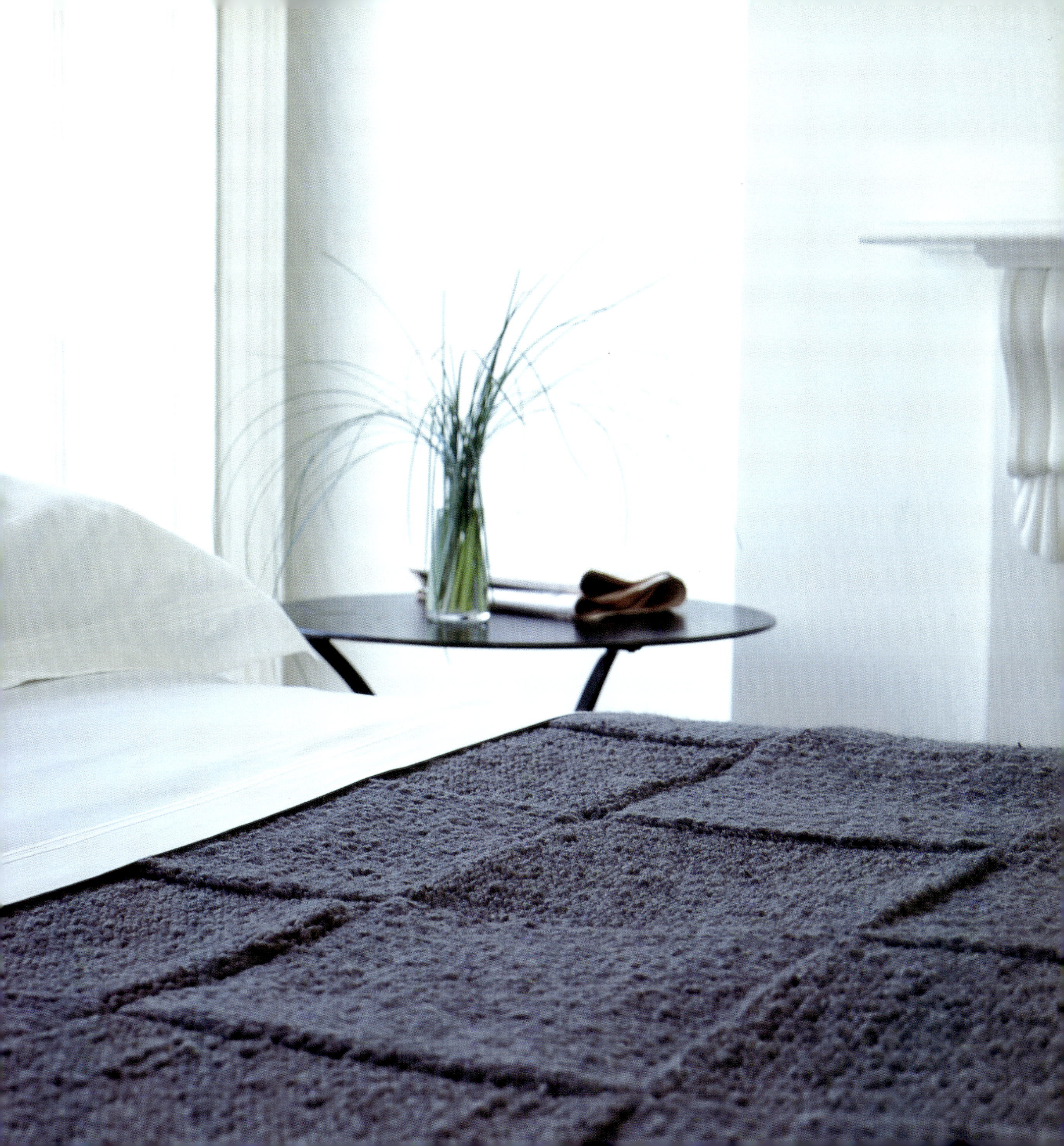

Pull douillet : un vieux complice

Ce pull taille unique est composé de cinq rectangles en jersey endroit. Facile à tricoter – un dos, un devant, deux manches et un col –, il peut convenir à toute la famille. Les explications que nous vous en donnons conviennent à un adulte de taille moyenne, mais il ne vous sera pas trop difficile de l'adapter à une taille particulière.

Il suffit de réduire proportionnellement la taille des carrés. Les coutures apparentes et les fentes des côtés lui donnent un caractère douillet et décontracté. L'astuce de finition pour les coutures consiste à remplacer le fil feutré, qui se casse ou s'effiloche quand on coud, par une laine de même couleur. Vous pouvez aussi l'assembler avec une laine dans un coloris contrasté en veillant à faire des points réguliers.

Savoir-faire : pull douillet

FOURNITURES : 17 pelotes de 50 g de fil « feutré ». Une paire d'aiguilles n° 7,5. Grosse aiguille à coudre et épingles.

RÉALISATION : la partie entre les étoiles (*) doit être répétée le nombre de fois indiqué. Exemple : * 2 mailles envers, 1 maille endroit * jusqu'aux 2 dernières mailles signifie qu'il faut tricoter 2 mailles envers, 1 maille endroit sur tout le rang jusqu'aux 2 dernières mailles. Pour le dos : montez 62 mailles. Commencez la bordure par un rang comme suit, tricoté sur l'endroit du travail : * 2 mailles envers, 1 maille endroit * jusqu'aux 2 dernières mailles, 2 mailles envers. 2e rang : * 2 mailles endroit, 1 maille envers * jusqu'aux 2 dernières mailles, 2 mailles endroit Pour border les fentes de côté, continuez comme pour les bordures sur les 5 premières et les 5 dernières mailles, tricotez en jersey endroit sur les 52 mailles centrales jusqu'à 18 cm de hauteur totale. Travaillez alors en jersey endroit sur toutes les mailles jusqu'à 42 cm de hauteur totale. Nouez un fil de couleur à chaque extrémité du dernier rang pour repérer les emmanchures. Continuez en jersey endroit jusqu'à 68,5 cm de hauteur totale.

Rabattez. Travaillez le devant comme pour le dos. Pour les manches, montez 53 mailles. Tricotez 2 rangs de bordure comme pour le dos. Continuez en jersey endroit jusqu'à 46 cm de hauteur totale. Rabattez. Pour le col, montez 61 mailles Tricotez en jersey endroit pendant 21 cm. Rabattez.

MONTAGE : repassez légèrement à la vapeur, sauf les bordures. Épinglez le dos et le devant, envers contre envers, aux épaules. En laissant le milieu ouvert pour l'encolure, cousez les épaules sur 15 cm à chaque extrémité, à petits points avant, avec du fil – cette couture sera sur l'endroit du pull. Cousez les manches en place, entre les repères, en faisant les coutures à l'extérieur. Pliez le pull, endroit contre endroit, sur la ligne des épaules, puis fermez les manches et les côtés jusqu'aux fentes. Retournez le pull. Fermez le col en rond en assemblant les 2 extrémités. Épinglez l'endroit du col à l'intérieur de l'encolure en plaçant la couture du col au milieu du dos. Cousez à points avant, en faisant la couture à l'extérieur. Pliez le col vers l'extérieur, retournez les poignets.

Ci-contre à gauche : quelques mailles en côtes, sur chaque bord de la fente, empêchent le bas du pull de rouler.

Ci-contre à droite : cousez les coutures de façon à ce qu'elles soient apparentes à l'extérieur et invisibles à l'intérieur.

Sur cette page : un pull fonctionnel, en taille unique, que vous pourrez facilement adapter pour toute la famille.

Plaid graphique : mérinos et fil bouclé

Tricoté en quatre pavés assemblés, dans la même gamme de coloris, ce plaid au graphisme dépouillé est confectionné dans une laine mérinos fine et douce pour trois des grands pavés et un fil bouclé contrastant pour le quatrième. La laine mérinos est un fil de très grande qualité dont le toucher agréable en fait un vrai plaisir à tricoter.

Une bordure au point mousse est tricotée en même temps que chaque carré, ce qui évite d'avoir à en rajouter une tout autour du plaid. Pour plus de douceur encore, vous pouvez essayer d'autres laines comme l'alpaga, le cachemire ou l'angora. Vous pouvez aussi le tricoter avec du fil de coton, l'usage en sera alors différent.

Savoir-faire : plaid graphique

FOURNITURES : 8 pelotes de 50 g de laine mérinos blanc cassé, gris clair et gris foncé ; 5 pelotes de fil bouclé gris moyen. Une paire d'aiguilles n° 4 et n° 4,5. Grosse aiguille à coudre et épingles.

RÉALISATION : les pavés en mérinos sont tricotés avec les aiguilles n° 4. Montez 176 mailles blanc cassé et tricotez 6 cm au point mousse (tricotez tous les rangs à l'endroit). Puis continuez ainsi : un rang endroit. Rang suivant : tricotez à l'endroit les 13 premières mailles, continuez à l'envers jusqu'aux 13 dernières mailles, 13 mailles endroit. Répétez ces 2 rangs (les 13 mailles de chaque extrémité sont au point mousse, les 150 mailles centrales en jersey endroit) jusqu'à 74 cm de hauteur totale. Tricotez alors 6 cm au point mousse et rabattez. Tricotez 2 autres pavés semblables mais en utilisant le fil gris clair et le fil gris foncé. Le pavé bouclé est tricoté avec les aiguilles n° 4,5. Montez 128 mailles gris moyen et tricotez 6 cm au point mousse. Puis continuez ainsi : un rang endroit. Rang suivant : 9 mailles endroit, tricotez à l'envers jusqu'aux 9 dernières mailles, 9 mailles endroit. Répétez ces 2 rangs (les 9 mailles de chaque extrémité sont au point mousse, les 110 mailles centrales en jersey endroit) jusqu'à 74 cm de hauteur totale. Tricotez alors 6 cm au point mousse et rabattez.

À gauche : 3 pavés tricotés en fine laine mérinos sont mis en valeur par le quatrième en fil bouclé. Les carrés réunis forment un plaid de 160 cm de côté.

À droite : une bordure au point mousse, tricotée en même temps, encadre chaque carré.

Ci-contre : Les bordures, tricotées en même temps que les carrés, donnent un côté net et bien fini à l'ouvrage.

MONTAGE : repassez légèrement à la vapeur (sauf les bordures au point mousse). Épinglez les 4 carrés ensemble en faisant bien correspondre les bordures. Cousez au point avant.

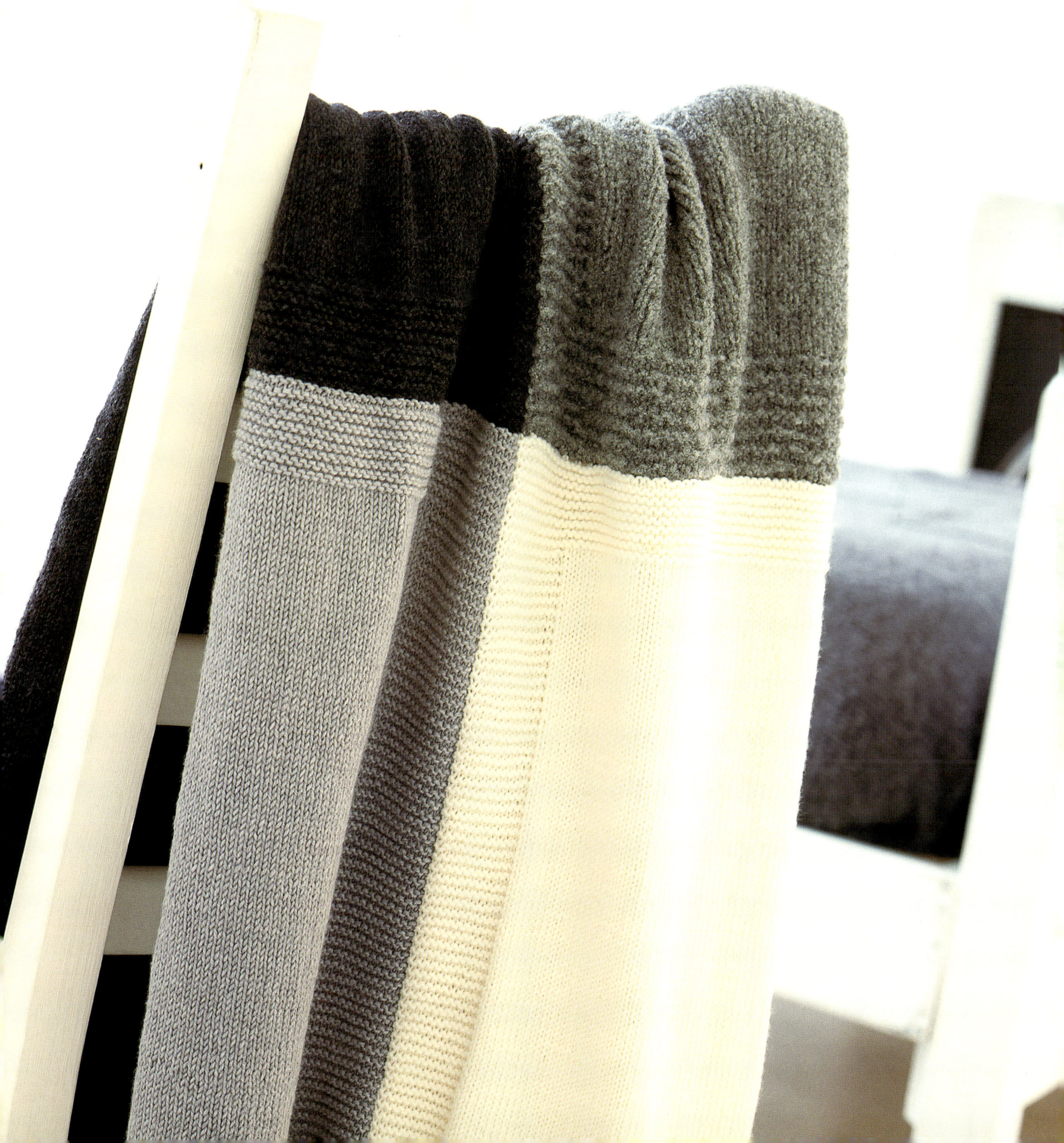

Coussins boutonnés : mailles structurées

Nous avons choisi de décliner jersey endroit, point de riz, côtes ou damiers pour ces coussins à boutons, mais les plus expertes peuvent se lancer dans des points plus compliqués. Les débutantes, quant à elles, peuvent se cantonner au simple point mousse pour commencer. Tout est possible.

La touche finale est apportée par les boutons. Aussi, choisissez-les bien et, comme vous le feriez pour du tissu, emmenez avec vous votre tricot une fois terminé pour pouvoir trouver la teinte exacte recherchée et la matière qui se mariera le mieux avec. Regardez les pages 88 et 89 pour des idées d'arrangement des boutons et des fils.

Savoir-faire : coussins boutonnés

FOURNITURES : 6 pelotes de 50 g de laine mérinos pour chaque coussin. Une paire d'aiguilles n° 3,5 et n° 4. Une aiguille à coudre et épingles. 5 boutons de 20 mm de diamètre. Un coussin de 40 cm de côté.

Points employés

JERSEY ENDROIT. Alternez un rang endroit et un rang envers.

POINT DE RIZ. 1er rang : * 1 maille endroit, 1 maille envers * jusqu'à la fin du rang. 2e rang : * 1 maille envers, 1 maille endroit * jusqu'à la fin du rang. Répétez toujours ces 2 rangs. La partie entre les étoiles (*) doit être répétée le nombre de fois indiqué. Exemple : * 1 maille envers, 1 maille endroit * jusqu'à la fin du rang signifie qu'il faut tricoter 1 maille envers, 1 maille endroit sur tout le rang.

CÔTES PLATES. 1er rang : 2 mailles endroit, * 2 mailles envers, 3 mailles endroit * jusqu'aux 3 dernières mailles, 2 mailles envers, 1 maille endroit. 2e rang : 1 maille envers, * 2 mailles endroit, 3 mailles envers * jusqu'aux 4 dernières mailles, 2 mailles endroit, 2 mailles envers. Répétez toujours ces 2 rangs. La partie entre les étoiles (*) doit être répétée le nombre de fois indiqué. Exemple : * 2 mailles envers, 3 mailles endroit * jusqu'aux 3 dernières mailles signifie qu'il faut tricoter ainsi toutes les mailles jusqu'aux 3 dernières mailles du rang.

DAMIERS. 1er rang : * 5 mailles endroit, 5 mailles envers * jusqu'à la fin du rang. 2e, 3e et 4e rangs : comme le 1er rang. 5e rang : * 5 mailles envers, 5 mailles endroit * jusqu'à la fin du rang. 6e, 7e et 8e rangs : comme le 5e rang. Répétez toujours ces 8 rangs. La partie entre les étoiles (*) doit être répétée le nombre de fois indiqué. Exemple * 5 mailles endroit, 5 mailles envers * jusqu'à la fin du rang signifie qu'il faut tricoter ainsi toutes les mailles jusqu'à la fin du rang.

RÉALISATION : pour le dessous du coussin, montez 90 mailles et tricotez 40 cm avec le point de votre choix, avec les aiguilles n° 4. Terminez par un rang sur l'envers du travail. Pour la bande de boutonnage, tricotez 10 rangs de jersey endroit, puis tricotez 1 rang à l'envers sur l'endroit pour marquer la pliure avec les aiguilles n° 3,5 et tricotez de nouveau 10 rangs de jersey endroit avec les aiguilles n° 4. Rabattez. Pour le dessus, tricotez les 40 premiers cm comme pour l'arrière, en terminant par 1 rang sur l'envers. Pour la bande de boutonnage, tricotez 4 rangs de jersey endroit, au rang suivant, formez les boutonnières. 1er rang (sur l'endroit) : tricotez les 8 premières mailles, rabattez les 3 mailles suivantes, * tricotez jusqu'à ce qu'il y ait 15 mailles sur l'aiguille droite depuis la dernière boutonnière, rabattez 3 mailles * 4 fois, tricotez les 7 dernières mailles. 2e rang : tricotez à l'envers en remontant 3 mailles au-dessus de celles qui ont été rabattues au 1er rang. Tricotez encore 4 rangs de jersey endroit, puis, avec les aiguilles n° 3,5, tricotez 1 rang à l'envers sur l'endroit pour marquer la pliure. Reprenez les aiguilles n° 4 et, en commençant par 1 rang à l'envers, tricotez 4 rangs de jersey endroit, 2 rangs de boutonnières, 4 rangs de jersey endroit. Rabattez.

MONTAGE : Épinglez l'arrière et l'avant endroit contre endroit. Cousez 3 côtés à points avant en laissant ouverte l'extrémité avec les boutonnières. Pliez la bande de boutonnage vers l'envers et cousez-la et brodez les boutonnières. Retournez la housse et cousez les boutons.

En haut à gauche : tricotez une double rangée de boutonnières. Quand le coussin est monté, pliez les bandes vers l'intérieur.

Au milieu à gauche : brodez les boutonnières au point de boutonnière puis cousez les boutons sur l'intérieur de la bande.

En bas à gauche : le coussin boutonné en côtes plates et le coussin en chenille avec une rayure.

Ci-contre : différentes déclinaisons du même coussin de base.

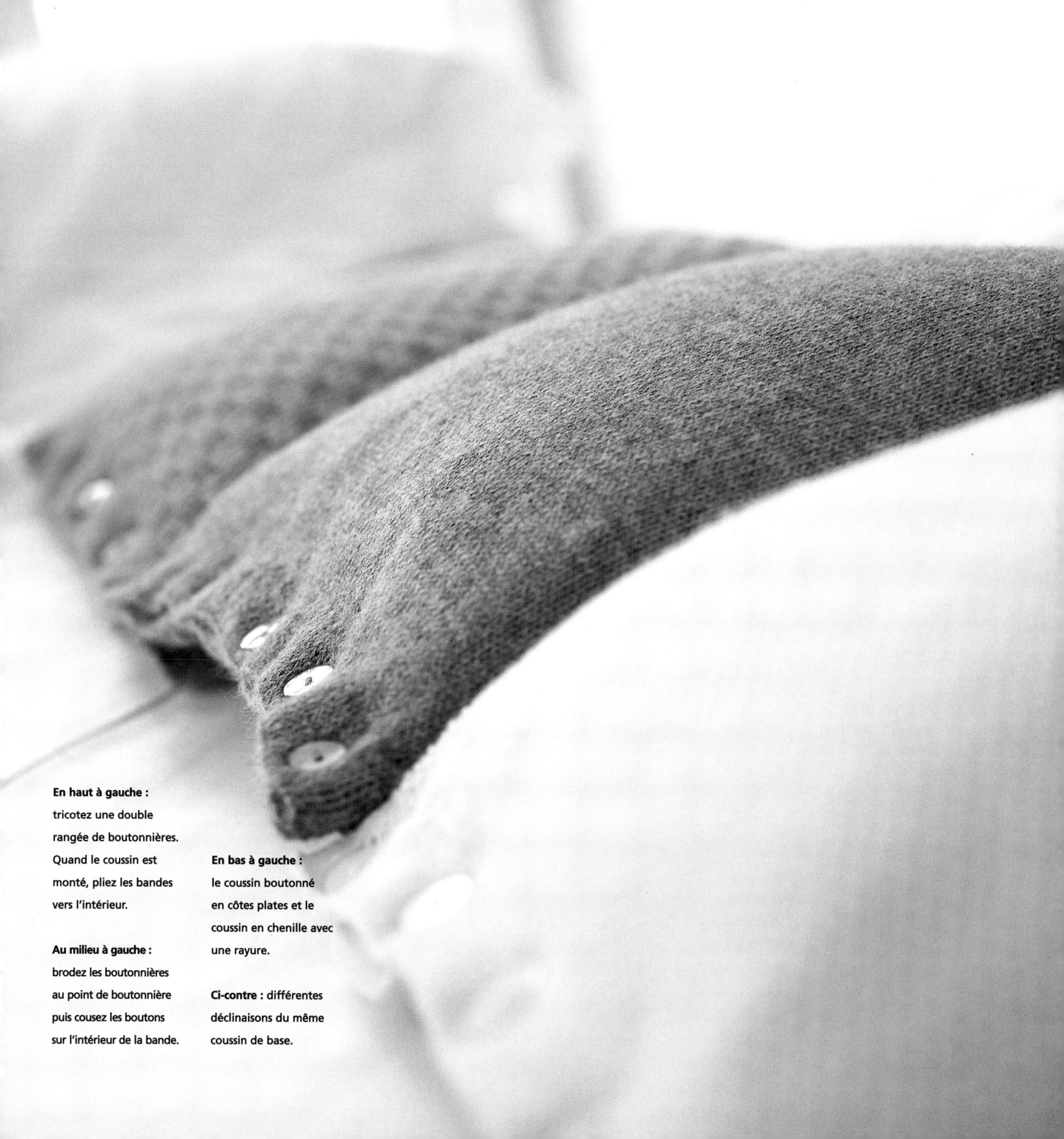

Idées de boutons

Les boutons ne sont pas que fonctionnels et pratiques, ils sont aussi un élément décoratif. Aussi, prendre son temps pour trouver le bon bouton et essayer des associations diverses n'est jamais une perte de temps. Et si les formes les plus variées, les matières les plus différentes, de la corne à la nacre, en passant par le synthétique et le verre, s'offrent à vous, n'oubliez pas pour autant que les boutons plats sont ceux qui se fixent le mieux sur un tricot.

En haut à gauche : des boutons en corne sur un tricot bouclé.

En haut au centre : des boutons métalliques sur un tweed.

En haut à droite : les boutons en noix de coco proviennent le plus souvent d'Asie. Ils sont présentés ici sur de la ficelle tricotée. Utilisez l'envers pour obtenir un effet de tons.

En bas à gauche : la nacre reflète bien toutes les couleurs de la soie.

En bas au centre : des pastilles de nacre en provenance d'Asie sur du fil mérinos. Les tons crème ou gris se marient avec toutes les couleurs.

En bas à droite : des boutons en coquillage s'associent particulièrement bien avec le lin.

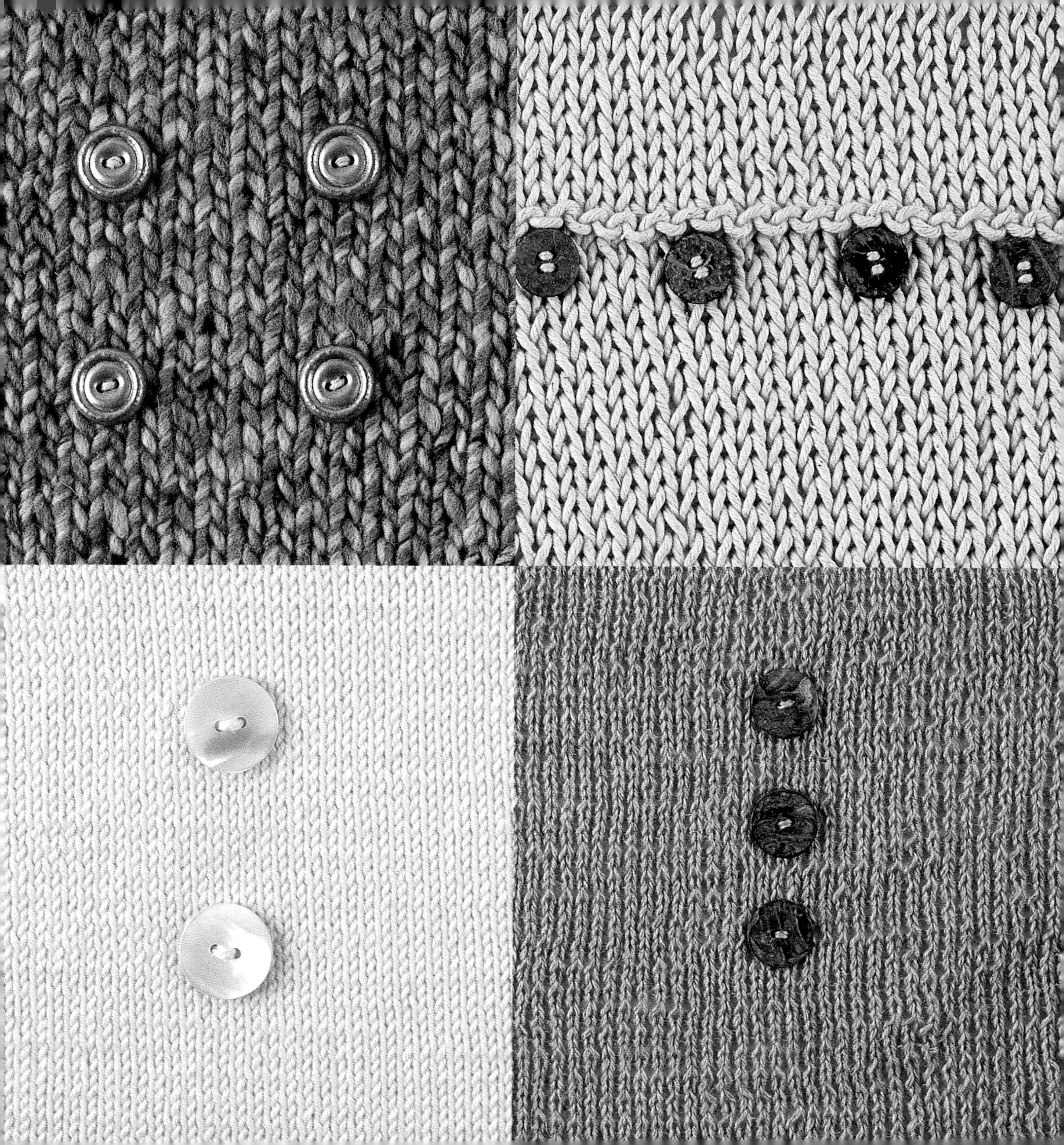

Couverture d'enfant : rayures en relief

Cette couverture d'enfant est tricotée dans une couleur franche, avec d'étroites bordures au point mousse, et des rayures en relief, bleues et écrues, au centre. Pour les rayures, vous aurez juste à changer la couleur au début de chaque rang, en choisissant les fils au hasard. Le relief des rayures est donné en introduisant un ou deux rangs de jersey envers dans le jersey endroit lisse.

Bien que les rayures aient une certaine uniformité, elles ne sont pas symétriques – donc pas d'erreurs possibles ! Les bordures au point mousse cousues autour de la couverture lui assurent une bonne tenue. La réalisation de ce projet simple et rapide est aussi un excellent moyen d'utiliser les restes de laine.

Savoir-faire : couverture d'enfant

FOURNITURES : 10 pelotes de 50 g de coton écru et 1 pelote bleu marine, 1 bleu glacier et 1 beige ; 1 pelote de 100 g de chenille de coton épaisse lavande. Une paire d'aiguilles n° 3, 5 et n° 4. Aiguille à coudre et épingles.

RÉALISATION : avec les aiguilles n° 4, montez 130 mailles en coton écru. Tricotez ainsi les 58 premiers rangs : 6 rangs de jersey endroit (alternez 1 rang endroit et 1 rang envers), 2 rangs au point mousse (tricotez toujours à l'endroit), 2 rangs jersey endroit, 2 rangs point mousse, 6 rangs jersey endroit, 4 rangs point mousse, 8 rangs jersey endroit, 2 rangs point mousse, 8 rangs jersey endroit, 2 rangs point mousse, 4 rangs jersey endroit, 4 rangs point mousse et 8 rangs jersey endroit.

Commencez le centre de la couverture à rayures structurées en utilisant 5 fils différents pour les rayures : écru, marine, bleu glacier et beige en coton, lavande en chenille. Tricotez les rayures au hasard en changeant le fil à chaque rang et en alternant quelques rangs en jersey endroit avec 1 ou 2 rangs en jersey envers (tricotez à l'envers sur l'endroit de l'ouvrage et à l'endroit sur l'envers). Tricotez 148 rangs de rayures.

Tricotez les 48 derniers rangs en coton écru : 8 rangs jersey endroit, 4 rangs point mousse, 4 rangs jersey endroit, 2 rangs point mousse, 2 rangs jersey endroit, 2 rangs point mousse, 8 rangs jersey endroit, 2 rangs point mousse, 4 rangs jersey endroit, 4 rangs point mousse et 8 rangs jersey endroit. Rabattez.

MONTAGE : rentrez tous les morceaux de fil sur l'envers. Repassez très légèrement à la vapeur. Pour les bordures, montez 9 mailles en coton écru avec les aiguilles n° 3,5. Tricotez au point mousse pendant 83 cm ; cette bordure doit être exactement de la même longueur que la couverture. Rabattez. Tricotez une autre bande semblable. Cousez une bordure de chaque côté de la couverture. Tricotez 2 autres bordures de 72 cm, ces bordures doivent être de la même largeur que la couverture avec ses bordures. Cousez en haut et en bas de la couverture, en réunissant les angles.

En haut à gauche : les extrémités de la couverture sont texturées, dans une seule couleur. Les rangs envers créent un relief.

Au centre à gauche : les fines rayures centrales sont tricotées au gré de l'inspiration en suivant les harmonies de coloris.

En bas à gauche : une fois la couverture tricotée, cousez tout autour les bordures au point mousse. Les bordures doivent former un angle.

Ci-contre : les bordures et tout le tour uni adoucissent l'intensité des rayures. La couverture d'enfant finie mesure environ 72 x 90 cm.

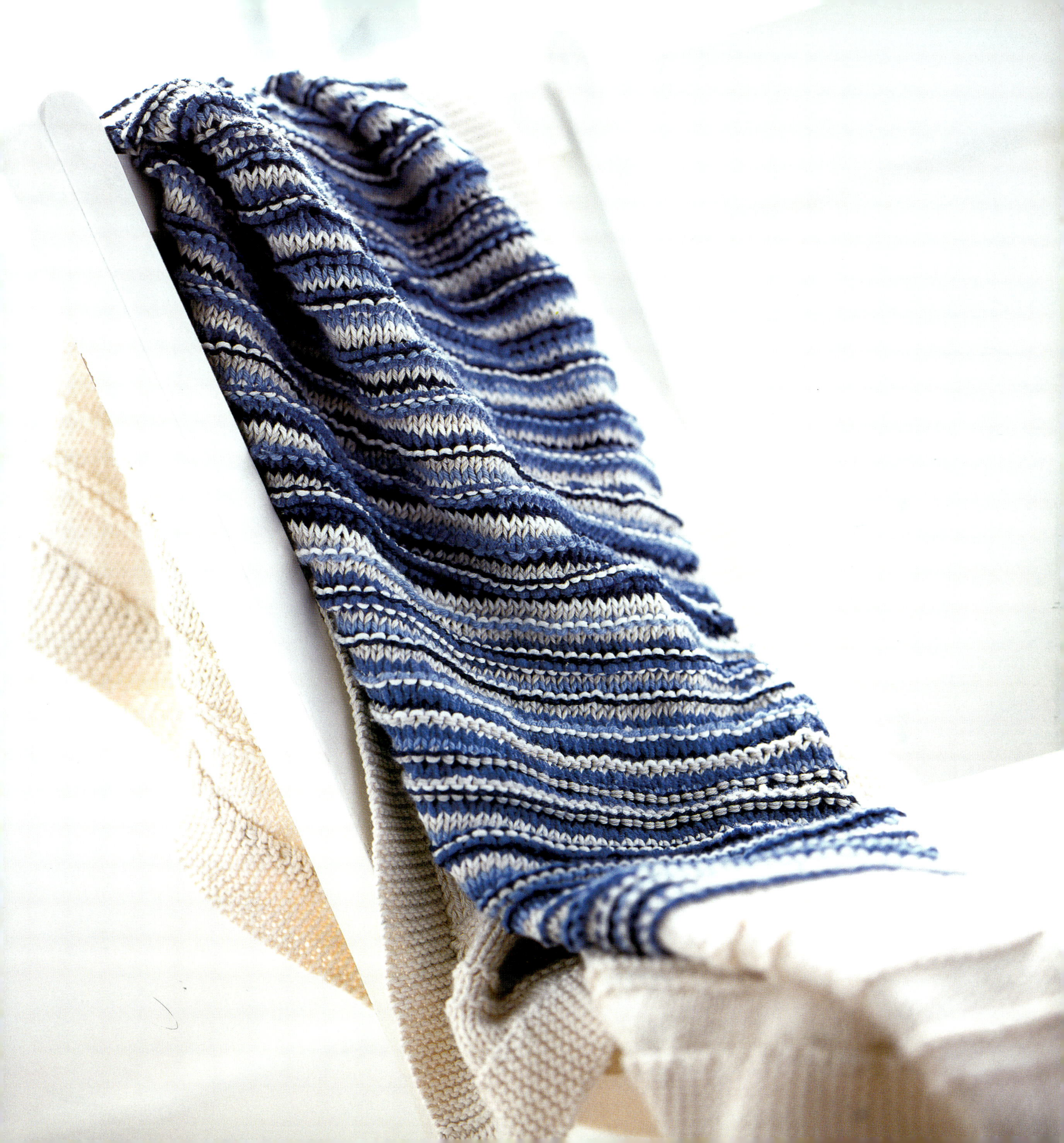

Coussins naïfs : en bleu et blanc

Ces coussins d'inspiration naïve sont à la portée de toutes les débutantes, que ce soit en tricot ou en broderie, et pourquoi pas d'un enfant. Pour la partie tricot, rien de plus facile : deux carrés en jersey endroit de 60 cm de côté. Pour la broderie, nous avons aussi misé sur la simplicité de grandes lignes à rebroder au point arrière. Mais pour celles qui éprouveraient encore quelques difficultés, vous pouvez tout simplement suivre le motif au point avant, puis revenir sur le tracé avec un second passage entre les points déjà brodés. Ces coussins pourront trouver leur place dans toutes les pièces de la maison. Il suffit alors de changer le style des broderies et tout simplement de modifier les couleurs.

Savoir-faire : coussin naïf

FOURNITURES : 9 pelotes de 50 g de jean dans la couleur principale (indigo ou écru) et 1 pelote dans le coloris contrasté (écru ou indigo). Une paire d'aiguilles n° 4. Grosse aiguille à bout rond et épingles. Un coussin carré de 50 cm de côté.

RÉALISATION : avec les aiguilles n° 4, montez 100 mailles et tricotez en jersey endroit jusqu'à 60 cm de hauteur totale (cette mesure tient compte du rétrécissement, voir plus loin). Rabattez. Tricotez une seconde partie semblable.

MONTAGE : le jean rétrécit en longueur lors du premier lavage, aussi il vaut mieux laver les deux

À gauche : la broderie est un moyen simple de rehausser votre tricot.

Au centre : utilisez 2 ou de 3 fils pour que le motif ressorte mieux.

À droite : bordez le dessus du coussin d'une rangée de points de gribiche.

Ci-contre : garnissez le fond d'étoiles brodées à points lancés, largement espacées.

parties avant de les assembler. Préparez une petite pelote ou un petit écheveau du fil contrasté. Lavez et séchez les deux morceaux du coussin et la petite pelote en même temps, en suivant les instructions du fabricant. Repassez légèrement à la vapeur. Avec l'aiguille à coudre et le fil contrastant, brodez un des morceaux d'un motif naïf, à points arrière. Vous pouvez aussi, si vous le voulez, broder des détails avec d'autres points simples. Quand la broderie est terminée, épinglez les 2 parties endroit contre endroit et cousez 3 côtés à points avant. Retournez la housse, glissez le coussin à l'intérieur et fermez le dernier côté. Brodez un point de gribiche tout autour du coussin, avec un fil contrasté.

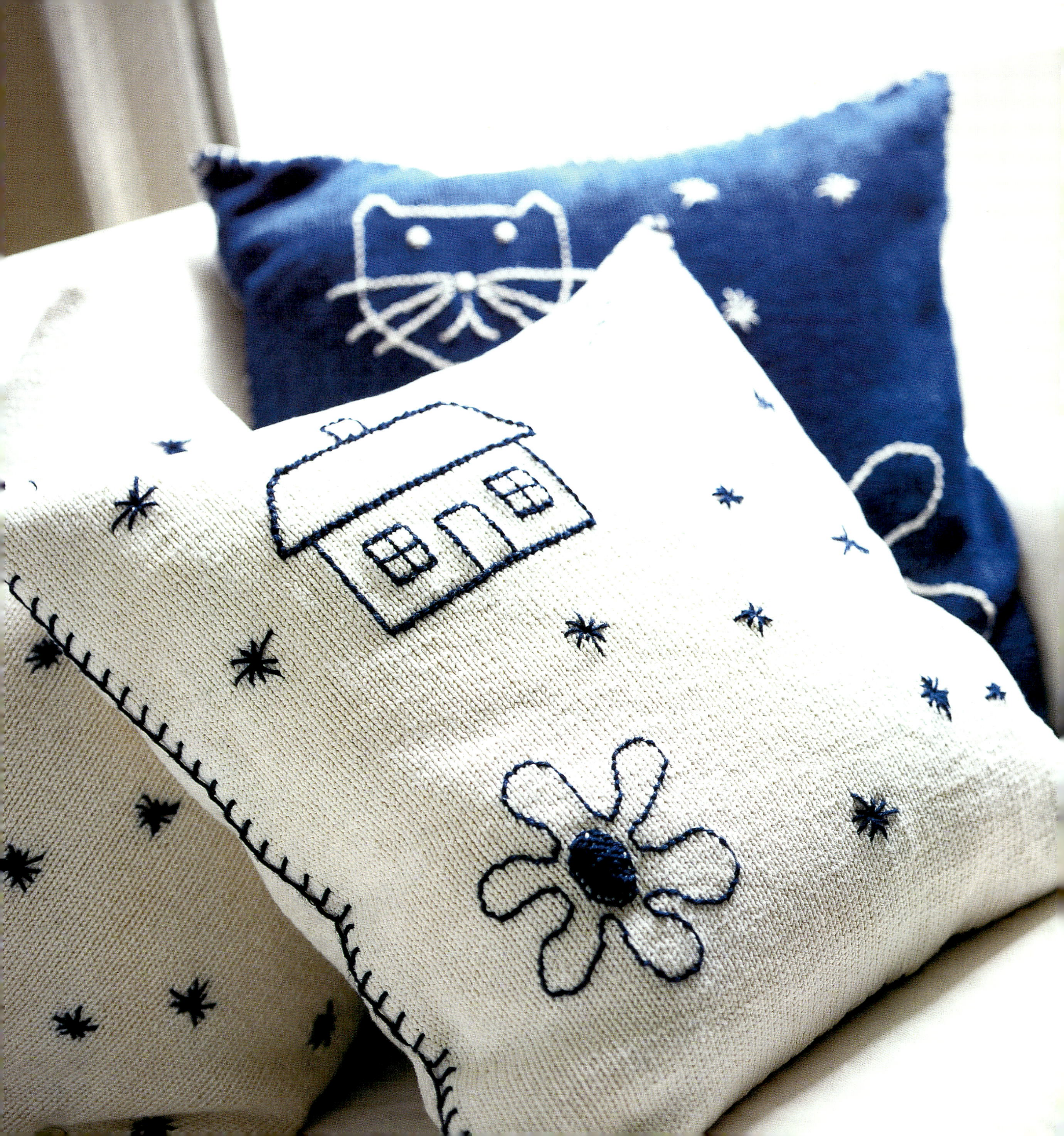

Chaussons et pantoufles : point de riz

Ces petits chaussons au point de riz sont un peu plus compliqués à réaliser que les autres projets de cet ouvrage, puisqu'ils demandent de faire des augmentations et des diminutions. Mais, comme les pieds des bébés sont vraiment minuscules, le temps que vous perdez en attention sera largement rattrapé par ailleurs.

Et quand vous aurez acquis un peu d'expérience et fini une paire pour bébés, vous pourrez alors vous attaquer à la taille adulte. Dans ce cas, il est préférable d'utiliser le fil jean, plus résistant. Bien que celui-ci rétrécisse au premier lavage, il n'y aura pas de problème, le rétrécissement étant pris en compte dans les explications.

Savoir-faire : chaussons et pantoufles

Fournitures pour les chaussons : 1 pelote de 50 g de coton ou 1 pelote de 50 g de jean. Une paire d'aiguilles n° 4. Aiguille à coudre et épingles.

Fournitures pour les pantoufles : 2 pelotes de 50 g de jean écru. Une paire d'aiguilles n° 4. Grosse aiguille à coudre et épingles.

Point employé : point de riz (sur un nombre de maille impair), voir les explications page 84. 1er rang : 1 maille endroit, * 1 maille envers, 1 maille endroit * jusqu'à la fin. 2e rang : tricotez les mailles envers à l'endroit et les mailles endroit à l'envers. Répétez toujours ces 2 rangs.

Réalisation : les explications sont données pour la taille bébé, les instructions pour les tailles adultes (petite et moyenne) sont données entre parenthèses. S'il n'y a qu'un seul chiffre, il est valable pour toutes les tailles.

Semelles (2 semblables) : avec les aiguilles n° 4, montez 9 (11, 11) mailles et tricotez 1 rang au point de riz.

En haut à gauche : augmentez 1 maille en tricotant le fil avant et le fil arrière de la même maille (en haut) ou plusieurs mailles en montant de nouvelles mailles (en bas).

Au centre à gauche : la semelle (à gauche) et le dessus (à droite). Cousez ensemble les extrémités droites du dessus avant de le fixer à la semelle.

En bas à gauche : les pantoufles d'adulte sont tricotées dans un jean écru.

Ci-contre : les pantoufles de bébé dans un dégradé de cotons bleus et écrus.

Taille bébé : toute la semelle est tricotée au point de riz en augmentant 1 maille à chaque extrémité du rang suivant (voir page 30). On a 11 mailles. Tricotez 9 cm en coton, ou 10 cm en jean, puis diminuez 1 maille à chaque extrémité en tricotant ensemble les 2 premières et les 2 dernières mailles.

Tailles adultes : toute la semelle est tricotée au point de riz en augmentant 2 mailles à chaque extrémité du rang suivant. On a (15, 15) mailles. Tricotez (21,5, 24) cm puis diminuez 2 mailles au début de chacun des 2 rangs suivants. Rabattez les 9 (11, 11) mailles restantes au point de riz.

Dessus (2 semblables) : avec les aiguilles n° 4 montez 19 (41, 41) mailles. Tricotez au point de riz en augmentant, pour l'arrondi du bout du pied, 1 maille à la fin du rang suivant (en tricotant dans le fil avant et le fil arrière de la dernière maille), puis augmentez 1 maille du même côté aux 5 rangs suivants pour le bout du pied = 25 (47, 47) mailles. Tricotez 4 (10, 10) rangs en terminant avec le fil côté talon. Rabattez 12 (23, 23) mailles, au point mousse, au début du rang suivant. Diminuez 1 maille à la fin du rang suivant en tricotant ensemble les 2 dernières mailles. Diminuez 1 maille au début du rang suivant en tricotant ensemble les 2 premières mailles. Augmentez 1 maille à la fin du rang suivant en ajoutant 1 maille après la dernière maille. Tricotez 1 rang. Ajoutez 13 (24, 24) mailles à la fin du rang suivant = 25 (47, 47) mailles Tricotez 4 (10, 10) rangs puis diminuez 1 maille pour le bout du pied à chacun des 6 rangs suivants. Rabattez les 19 (41, 41) mailles restantes.

Montage : Réunissez les bords droits du dessus pour fermer le talon. Ajustez la semelle, épinglez puis cousez au point de gribiche, en arrondissant bien le bout du pied.

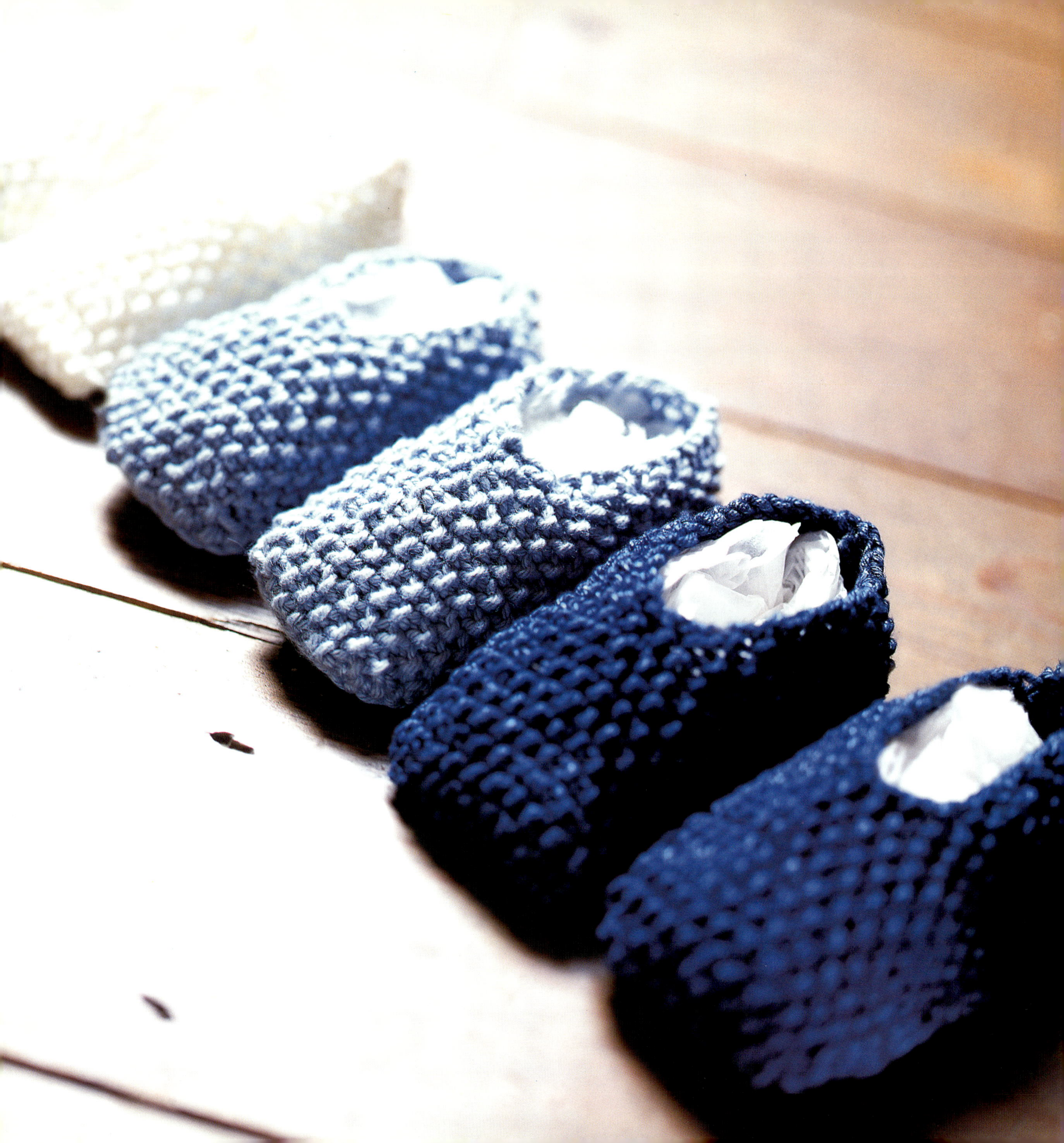

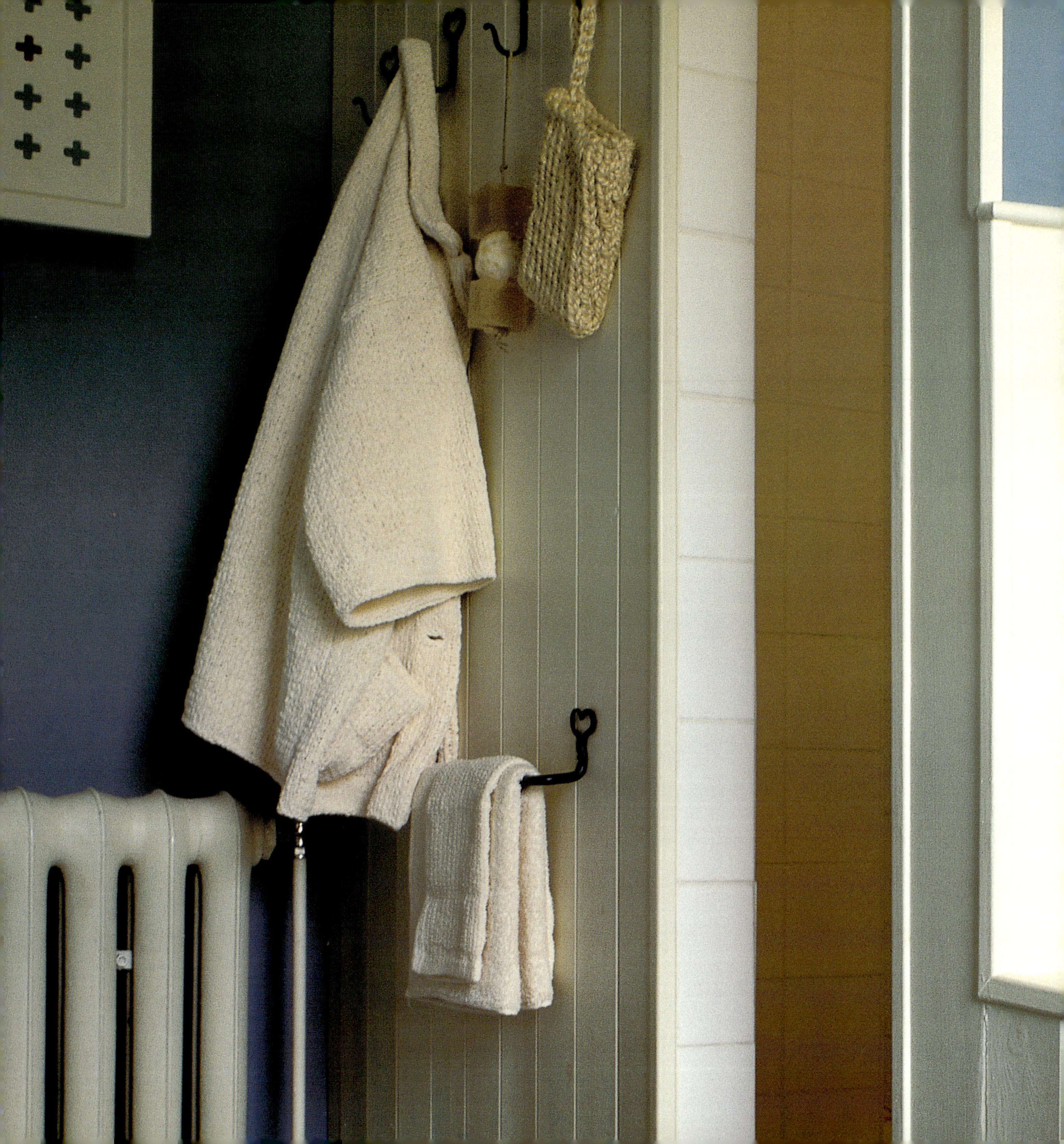

salle de bains

Gant de toilette : sisal rustique

La ficelle se décline dans des couleurs qui vont du blanc, de l'écru et de la paille aux ors les plus doux. Offrant une grande variété de textures, elle a de multiples utilisations dans la maison. Sa sobriété ajoute de l'authenticité à beaucoup d'accessoires domestiques. Le gant de toilette est tricoté en ficelle de sisal, en rangs endroit et envers. C'est un peu rude à travailler pour les mains et la ficelle a tendance à vriller. Il faut donc un peu de pratique et de patience pour ce projet. Cependant, ce gant est très facile à réaliser : il est tricoté en une seule pièce, plié puis cousu. Il mesure 20 x 16 cm. Si vous désirez un gant plus grand, il suffit d'augmenter proportionnellement le nombre de mailles. Vous pouvez aussi faire une longue bande à utiliser comme ruban de friction pour le dos.

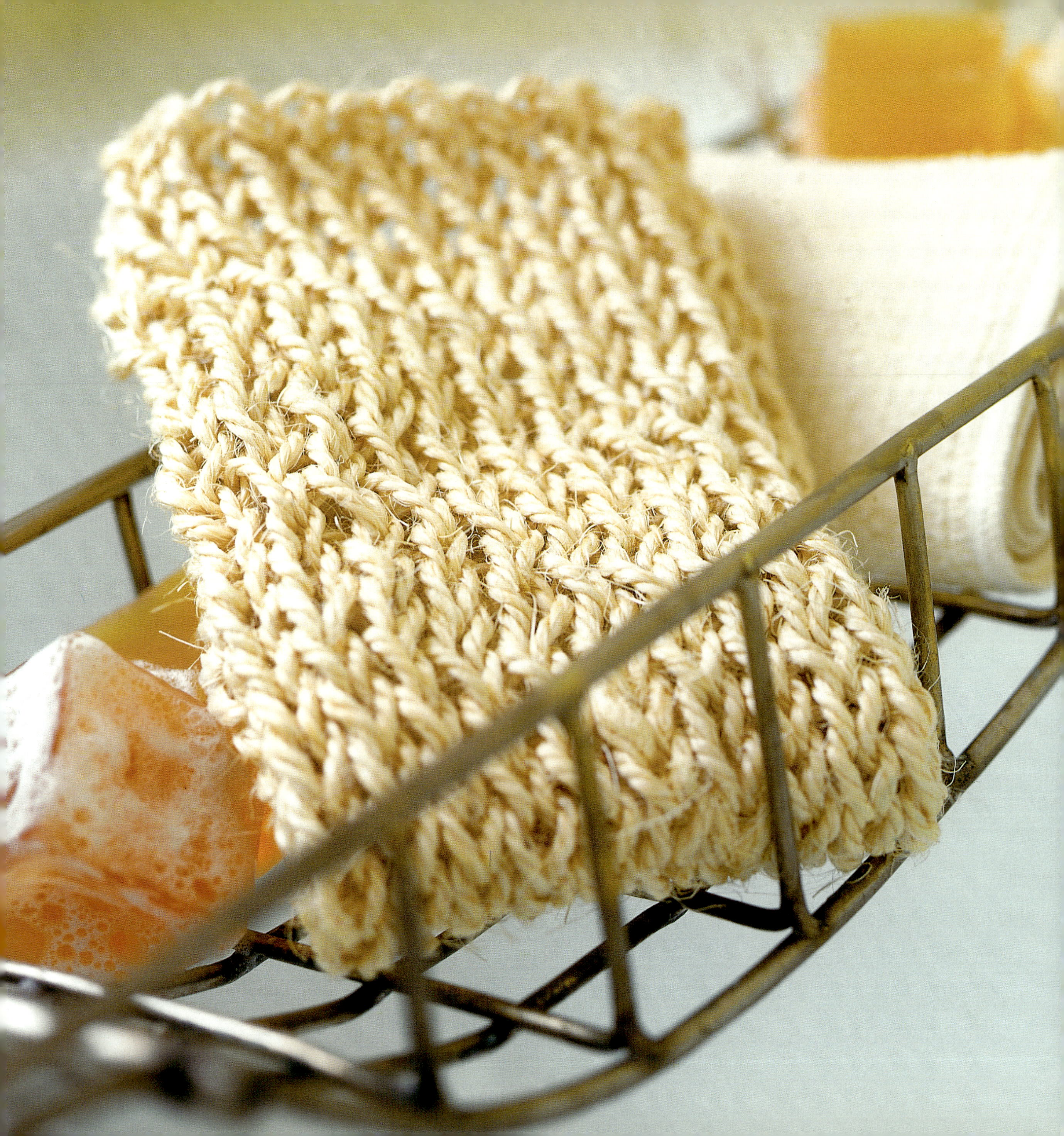

Savoir-faire : gant de toilette

À gauche : la ficelle est une source inépuisable de textures et de couleur, bon marché et inusable.

En haut à droite : utilisez un seul brin de la ficelle pour les coutures.

En bas à droite : le sisal rustique est tout indiqué pour la fabrication d'un gant de crin.

FOURNITURES : 2 pelotes de ficelle de sisal rustique, le plus rugueux possible (en vente dans la plupart des quincailleries). Une paire de grosses aiguilles n° 10. Grosse aiguille à coudre.

RÉALISATION : montez 12 mailles. Tricotez le premier rang à l'endroit puis le suivant à l'envers. Faites ce travail simple – alterner 1 rang endroit et 1 rang envers – jusqu'à 40 cm de hauteur totale. Rabattez. Vous trouverez sans doute que le sisal est un peu difficile à travailler et à maîtriser. Essayez de l'enrouler sans serrer autour de l'aiguille, il sera plus facile de faire glisser les mailles.

MONTAGE : coupez une longueur de ficelle. Détordez-la pour récupérer un seul des brins, qui servira à coudre le gant. Pliez le tricot en 2, endroit contre endroit, puis épinglez les côtés et cousez-les à points avant en laissant le côté opposé à la pliure ouvert. Retournez le gant. Poussez les angles avec la pointe de l'aiguille à tricoter. Si vous le souhaitez, confectionnez une boucle pour suspendre le gant : montez 18 mailles (pour une lanière de 25 cm) et rabattez les mailles dès le premier rang. Cousez les 2 extrémités de la boucle sur le bord du gant, au niveau d'une couture.

AUTRE MÉTHODE POUR LA RÉALISATION DU GANT DE TOILETTE : vous pouvez aussi confectionner le gant en 2 parties de 21 x 17 cm chacune puis les assembler par des coutures apparentes, ce qui vous évite d'avoir à retourner le gant.

Sac de bain : frais coton

Ce sac décoré est tricoté au point de riz dans un coton de grosseur moyenne. Une cordelière glissée dans une coulisse en jersey en assure la fermeture. Son épaisseur et son aspect donnent à la rayure bleue au point de riz du milieu du sac une allure de broderie. Une pièce en jersey endroit, pour la broderie au point de croix, est tricotée à part puis cousue sur le devant.

Vous pouvez suivre notre modèle, ou bien y broder le motif de votre choix. Mais vous pouvez aussi choisir de vous simplifier le travail en vous contentant de ce sac, sans broderie. Vous pouvez vous inspirer de ce modèle pour confectionner des sacs plus grands pour les sous-vêtements ou pour tricoter en jersey endroit et broder directement dessus.

Savoir-faire : sac de bain

montez 30 mailles écru. Tricotez 7 cm de jersey endroit. Rabattez. Avec le fil bleu en double, brodez le mot « bain » ou un motif de votre choix. Pour la cordelière, prenez une longueur de fil de 3,60 m et pliez-la en deux. Attachez une des extrémités à un dossier de chaise et éloignez-vous en tenant l'autre extrémité de façon que le fil soit tendu. Tournez jusqu'à ce que le fil s'enroule sur lui-même dès que vous relâchez un peu la tension. Repliez en deux le fil, vous obtenez ainsi une cordelière de 90 cm.

MONTAGE : cousez l'étiquette sur le devant, à points avant. Cousez les 2 morceaux l'un sur l'autre, endroit contre endroit, sur la partie au point de riz, et un des côtés de la bordure en jersey. Retournez le sac. Rabattez la bordure sur la ligne de pliure et cousez-la à l'intérieur. Glissez la cordelière dans la coulisse.

FOURNITURES : 3 pelotes de 50 g de coton écru et 1 pelote bleu glacier. Une paire d'aiguilles n° 4. Aiguille à coudre et épingles.

RÉALISATION : pour le devant et le derrière (2 pièces semblables), montez 50 mailles écru. Travaillez au point de riz (*voir p. 84*) comme suit : 1er rang : * 1 maille endroit, 1 maille envers, répétez depuis * jusqu'à la fin du rang. 2e rang : tricotez à l'envers les mailles endroit et à l'endroit les mailles envers. Répétez ces 2 rangs jusqu'à 5 cm de hauteur totale. Prenez le coloris bleu glacier et tricotez 1 rang au point de riz. Reprenez le coloris écru et continuez au point de riz jusqu'à 27 cm de hauteur totale. Tricotez 2,5 cm de jersey endroit en terminant par 1 rang envers. Tricotez 1 rang envers sur l'endroit pour marquer la pliure puis de nouveau 2,5 cm de jersey endroit en commençant par 1 rang envers. Rabattez. Pour l'étiquette,

En haut à gauche : laissez les extrémités de la bordure ouvertes quand vous cousez l'avant et l'arrière ensemble.

En bas à gauche : glissez la cordelière dans l'ourlet du haut puis nouez les extrémités ensemble.

À droite : le sac au point de riz, terminé, mesure 27 x 29 cm.

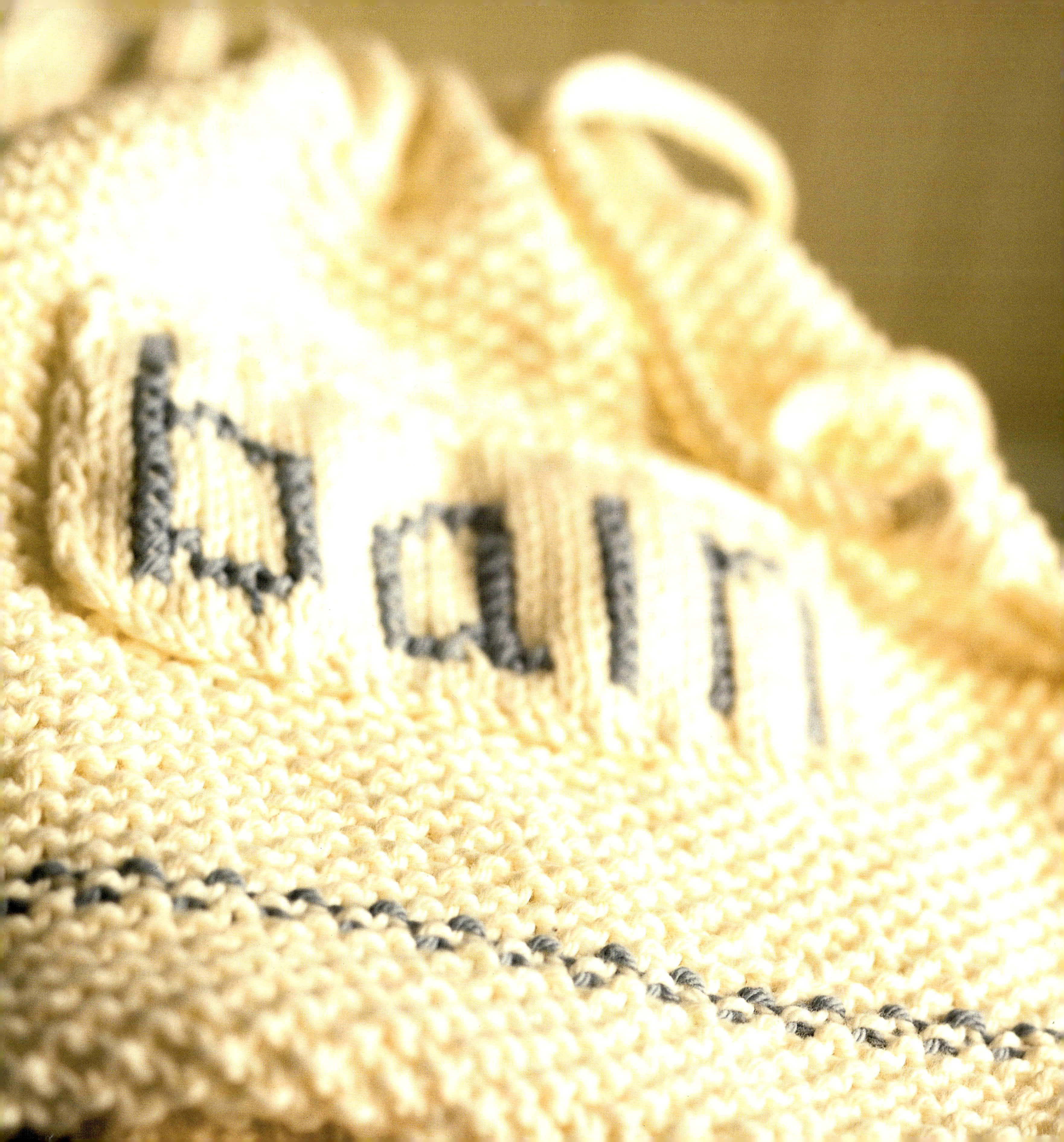

Sortie de bain : douce chenille

Cette sortie de bain aux manches trois-quarts et aux poches appliquées est tricotée dans une chenille de coton épaisse, naturellement douce, absorbante et au toucher agréable. Toutes les pièces sont faciles à réaliser, puisque ce sont de simples rectangles. Une caractéristique de la chenille est d'avoir un aspect irrégulier, mais c'est sans doute une partie de son charme.

Les bordures traditionnelles en côtes ne sont jamais d'un bel effet dans la chenille, aussi a-t-on juste fait une pliure aux revers et laissé une petite ouverture en bas de chaque couture de côté. Des boutons de nacre larges et plats ont été choisis pour ajouter une note raffinée à cette sortie de bain plutôt rustique et décontractée.

Savoir-faire : sortie de bain

FOURNITURES : 10 pelotes de 100 g de chenille de coton épaisse. Une paire d'aiguilles n° 4 et n° 5. 2 gros boutons. Aiguille à coudre et épingles.

RÉALISATION : pour le dos, avec les aiguilles n° 5, montez 96 mailles. Prenez les aiguilles n° 4 et tricotez en jersey endroit jusqu'à 45,5 cm de hauteur totale. Nouez un fil de couleur à chaque extrémité du dernier rang pour repérer les emmanchures. Continuez en jersey endroit jusqu'à 71 cm de hauteur totale. Rabattez avec les aiguilles n° 5. Marquez les 24 mailles centrales avec 2 fils de couleur, pour repérer l'encolure. Pour le devant droit, avec les aiguilles n° 5, montez 61 mailles. Prenez les aiguilles n° 4. 1er rang : 8 mailles endroit, 1 maille envers, tricotez à l'endroit jusqu'à la fin du rang. 2e rang : tricotez à l'envers jusqu'aux 9 dernières mailles, 1 maille endroit, 8 mailles envers. Répétez ces 2 rangs jusqu'à 20 cm de hauteur totale en terminant par 1 rang envers. 1er rang de boutonnière (endroit du travail) : 2 mailles endroit, rabattez les 4 mailles suivantes (il y a 3 mailles sur l'aiguille droite), 1 maille endroit, 1 maille envers, 2 mailles endroit, rabattez les 4 mailles suivantes, tricotez à l'endroit jusqu'à la fin du rang. 2e rang : tricotez à l'envers jusqu'aux 4 premières mailles rabattues, montez 4 mailles, 2 mailles envers, 1 maille endroit, 2 mailles envers, montez 4 mailles, 2 mailles envers. Continuez en jersey endroit comme pour les 2 premiers rangs jusqu'à 40,5 cm de hauteur totale, en terminant par 1 rang envers. Formez une autre rangée de boutonnières. Continuez jusqu'à 45,5 cm de hauteur totale et nouez un fil de couleur à gauche pour repérer l'emmanchure. Reprenez jusqu'à 64,5 cm de hauteur totale. Encolure (à droite) : rabattez les 25 premières mailles, tricotez à l'endroit jusqu'à la fin du rang. Continuez en jersey endroit avec les 36 mailles restantes. Tricotez jusqu'à 71 cm de hauteur totale, rabattez avec les aiguilles n° 5. Tricotez le devant gauche comme le devant droit, sans former les boutonnières et en tricotant la ligne de pliure en vis-à-vis. Rabattez les mailles de l'encolure sur un rang envers. Pour les manches, avec les aiguilles n° 5, montez 80 mailles. Prenez les aiguilles n° 4 et tricotez en jersey endroit. Rabattez à 30,5 cm de hauteur totale, avec les aiguilles n° 5. Pour les poches, avec les aiguilles n° 5, montez 28 mailles. Avec les aiguilles n° 4, tricotez en jersey endroit pendant 16,5 cm, en terminant par 1 rang endroit. Tricotez 1 rang endroit sur l'envers puis continuez en jersey endroit jusqu'à 23 cm de hauteur totale. Rabattez avec les aiguilles n° 5. Pour le col, avec les aiguilles n° 5, montez 80 mailles. Prenez les aiguilles n° 4 et tricotez en jersey endroit pendant 7,5 cm, en terminant par 1 rang endroit. Tricotez le rang suivant à l'endroit sur l'envers puis continuez en jersey endroit pendant 7,5 cm. Rabattez avec les aiguilles n° 5.

MONTAGE : rentrez les fils sur l'envers. Épinglez dos et devants, endroit contre endroit et cousez les épaules à points arrière. Montez les manches entre les repères. Fermez les manches puis les côtés en laissant une ouverture de 7 cm dans le bas. Repliez les bords des devants sur l'intérieur et cousez à points souples. Cousez le col. Pliez-levers l'intérieur et cousez les 3 côtés. Repliez le haut des poches sur l'intérieur et coulez-les à points souples. Cousez les poches. Brodez les boutonnières. Cousez les boutons.

Ci-contre en haut : 2 rangées de boutonnières sont formées de chaque côté d'une ligne qui marque la pliure des revers.

Ci-contre en bas : pour plus de propreté, surfilez le tour des boutonnières ou brodez-les au point de boutonnière.

Sur cette page : la chenille de coton est rapide à tricoter et votre ouvrage avancera vite.

Paniers en tricot : point de riz

Juste cinq carrés, et votre panier est fini ! Travaillés au point de riz pour la tenue et la texture, et en ficelle pour son côté pratique et sa couleur, ces paniers sont à la fois utiles et décoratifs. Vous pouvez assembler les pièces avec des coutures apparentes pour former un cube ou avec des coutures intérieures pour un panier arrondi.

Vous pouvez même faire un couvercle, il vous en coûtera un carré supplémentaire. Tentez le fil jean et ajoutez de l'amidon au dernier rinçage pour le rigidifier. Utilisez des lanières de cuir ou du raphia, l'aspect de votre panier en sera transformé. Et pour varier les tailles, il suffit de diminuer (ou d'augmenter) les dimensions des carrés.

Savoir-faire : paniers en tricot

FOURNITURES POUR LE PETIT PANIER : 3 pelotes de ficelle de grosseur moyenne. Une paire d'aiguilles n° 4. Aiguille à coudre et épingles.

RÉALISATION : montez 19 mailles et tricotez au point de riz (*voir page 84*). 1er rang : 1 maille endroit, * 1 maille envers, 1 maille endroit, répétez depuis * jusqu'à la fin du rang. Répétez ce rang pendant 30 rangs pour obtenir un carré. Rabattez en tricotant les mailles au point de riz. Confectionnez 4 autres pièces.

MONTAGE : rentrez tous les fils. Lavez toutes les pièces à l'eau tiède (40° C) et ajoutez de l'amidon dans l'eau de rinçage. Mettez les carrés en forme et laissez-les sécher à plat. Avec de la ficelle, cousez 4 carrés ensemble pour former

En haut à gauche : épinglez les bords ensemble puis cousez à points arrière.

En haut à droite : vous pouvez confectionner le panier dans d'autres tailles, avec d'autres fils, d'autres textures, d'autres couleurs, d'autres formes, et pourquoi pas mélanger les matières.

Ci-contre : la couture extérieure permet au panier d'avoir une forme carrée.

un cube ouvert. Cousez le fond, en laissant les coutures apparentes. Si besoin, vaporisez plus d'amidon.

FOURNITURES POUR UN GRAND PANIER : 5 pelotes de ficelle de grosseur moyenne. Une paire d'aiguilles n° 4. Aiguille à coudre et épingles.

RÉALISATION : montez 25 mailles et tricotez au point de riz (*voir page 84*). 1er rang : 1 maille endroit, * 1 maille envers, 1 maille endroit, répétez depuis * jusqu'à la fin du rang. Répétez ce rang pendant 40 rangs pour obtenir un carré. Rabattez en tricotant les mailles au point de riz. Confectionnez 4 autres pièces semblables.

MONTAGE : exactement comme pour le petit panier.

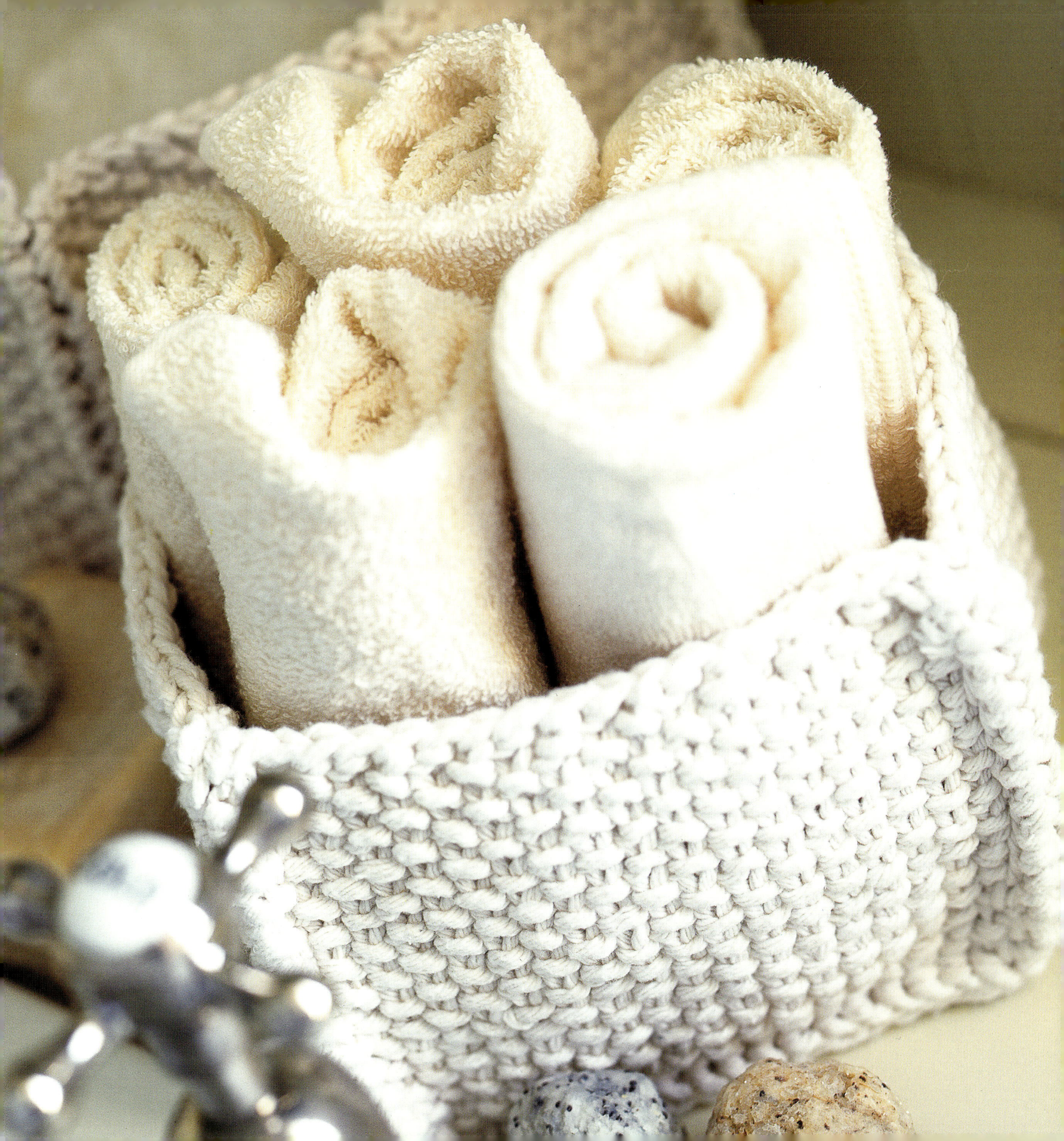

Tapis de chiffon : textures mélangées

Coton, tissu éponge, percale, seersucker, ficelle, ruban, chenille, tous ces tissus peuvent être rassemblés en fonction de leurs couleurs et de leurs textures. Pour un effet inattendu, utilisez au hasard des bouts de chiffon et des restes de fils. Mais vous pouvez aussi bien prévoir votre composition afin d'obtenir les rayures de votre choix. Les rayures en matériaux différents donneront un tricot irrégulier. Pour y remédier, vous utiliserez avec un fil rugueux ou épais des brins d'un fil fin pour obtenir une épaisseur constante. Nouez les extrémités ensemble, en alternant les textures et les coloris de façon irrégulière. Tricotez puis passez tous les nœuds sur la même face, vous avez ainsi la possibilité de choisir le côté que vous utiliserez.

Savoir-faire : tapis de chiffon

FOURNITURES : morceaux de tissus ou de chiffons de coton éponge, percale, seersucker, aussi bien que ficelle, ruban de coton, chenille… Une grosse paire d'aiguilles n° 10, environ. Un gros crochet.

RÉALISATION : coupez les tissus en bandes d'environ 2 cm de large. Nouez bout à bout les morceaux de tissu et de fils divers que vous aurez sélectionnés pour aller ensemble et faites-en des pelotes. Cela vous facilitera le travail quand vous tricoterez. Avec les aiguilles n° 10, montez 50 mailles. Tricotez alternativement 1 rang endroit et 1 rang envers pour former un épais point de jersey endroit, en prenant chaque « fil » comme il vient. Rabattez à environ 90 cm de hauteur totale, ou à la longueur que vous désirez obtenir.

À gauche : les pelotes de « fil à tricoter » sont faites d'un mélange de bandes de tissu et de fils épais.

En haut au centre : on noue les bandes de tissu à des fils en plusieurs épaisseurs pour obtenir un fil d'une grosseur continue.

En haut à droite : ajoutez des franges à chaque extrémité du tapis.

MONTAGE : repassez légèrement à la vapeur pour faire ressortir les reliefs du tricot. Vous remarquerez que la plupart des nœuds sont sur l'envers du travail ; cependant, n'importe quel côté peut être utilisé comme endroit. Pour les franges, coupez des morceaux de tissu et de fil de 15 cm. Ce travail sera plus facile si vous enroulez les fils autour d'un morceau de carton de 15 cm de large puis coupez les 2 extrémités. Vous obtiendrez ainsi des franges de taille identique. Prenez un seul fil, pliez-le en deux, passez la boucle à travers le tricot, tout au bord, avec un gros crochet, en allant de l'envers vers l'endroit (*voir l'explication des franges pp. 52 à 55*). Passez les extrémités dans la boucle et serrez. Égalisez les franges.

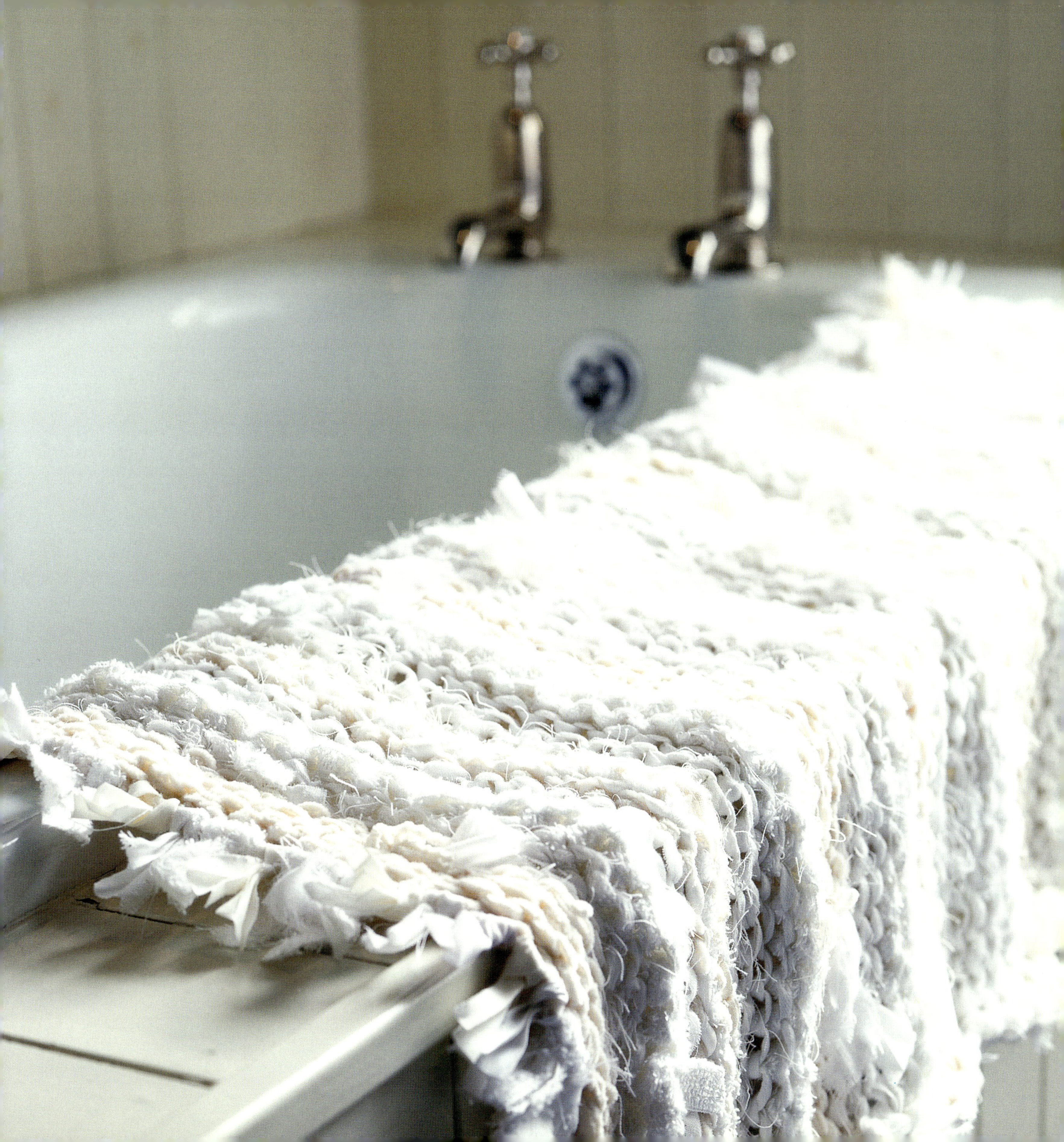

Caractéristiques et entretien

CHOISIR UN FIL : les caractéristiques des fils suivants vous donneront une idée de leurs avantages et de leurs inconvénients. Rappelez-vous que le secret pour tirer le meilleur d'un fil est de faire des échantillons, d'essayer plusieurs tailles d'aiguilles et de voir ce qu'il donne dans différents points. Pensez aussi que la composition du fil a un effet sur la couleur (*voir page 125 pour la composition des fils utilisés pour les ouvrages de ce livre*).

ALPAGA : très léger, aussi doux et chaud que le cachemire, il est toutefois habituellement moins cher. On le trouve dans de belles couleurs naturelles, assez sourdes. Bien qu'il puisse être parfois un peu rêche, il est agréable à tricoter.

À gauche : Lisez attentivement les instructions du fabriquant avant de laver vos tricots. Certaines fibres, comme par exemple le lin ou le coton, doivent être de préférence lavées à la main.

À droite : Excepté pour le fil jean, ne suspendez pas vos ouvrages en tricot. Faites-les sécher à plat pour éviter qu'ils ne se déforment.

CACHEMIRE : le cachemire est le comble du luxe. Il est particulièrement doux, léger et agréable au toucher. Son prix élevé est dû au procédé de production, coûteux et long. Il peut avoir tendance à boulocher.

CHENILLE : le tricot de ce fil velouté nécessite un peu de patience. Un bon truc est de tricoter avec des aiguilles plus fines que celles sur lesquelles on a monté le tricot.

COTON : le coton offre un aspect naturel, il est doux au toucher. Il est chaud en hiver, frais en été. On trouve le coton dans de nombreuses versions. mat ou brillant, doux ou en mèche et serré. Il est disponible dans une grande variété de couleurs et dans toutes les grosseurs, de la plus fine à la plus épaisse. Comme il manque d'élasticité, il peut être un peu plus difficile à travailler que la laine pour les débutantes. Le tricot terminé risque d'être un peu lourd et de se détendre facilement.

COTON ET LAINE : le mélange du coton et de la laine est idéal. La laine apporte son élasticité, le coton ajoute une note d'élégance et de la tenue au tricot.

FICELLE : la texture naturelle de la ficelle lui donne une belle surface mate. Elle est économique et facile à trouver dans différentes épaisseurs, de la fine et douce ficelle à paquet à la ficelle à tout faire de grosseur moyenne et à la grossière et rugueuse ficelle de sisal. Elle est raide à tricoter et peut vriller pendant le travail mais sa remarquable texture en vaut la peine.

LAINE : souple et solide, la laine – comme le coton – est chaude en hiver et fraîche en été. Néanmoins, contrairement au coton, elle peut être légère et gonflante quelle que soit son épaisseur. On trouve la laine à tricoter dans beaucoup de couleurs et de nombreuses textures, y compris le tweed et le bouclé.
Les fils « feutrés » sont très intéressants. La souplesse de ces fils les rend faciles et rapides à tricoter pour un résultat très régulier. Les laines douces, comme le mérinos, donnent des textures caractéristiques quand elles sont tricotées dans des points en relief comme les rayures horizontales en jersey envers, les côtes verticales, les damiers endroit et envers et le point de riz.

LIN : extrêmement sec au toucher, le lin a un chatoiement subtil et un élégant drapé. Le lin, mélangé à d'autres fibres naturelles, est magnifique. Il est très résistant, et beaucoup de tricots en lin peuvent être lavés à la machine et séchés en séchoir. Le lin se froisse mais cela ajoute à son charme. Certaines variétés de lin peuvent être un peu rudes sur la peau.

SOIE : la soie a un chatoiement naturel et un drapé raffiné. Elle est luxueuse et sensuelle au toucher. Elle met bien en valeur les détails du travail mais elle n'est pas facile à tricoter puisque, comme le coton, elle manque bien plus d'élasticité que la laine. Quelques fils de soie peuvent boulocher et se déformer.

ENTRETIEN DES FILS : on trouve des instructions de lavage (ou de nettoyage à sec), de séchage ou de repassage sur la plupart des étiquettes des fils du commerce. Ainsi, pour un projet dans un seul fil, il suffira d'un rapide coup d'œil à l'étiquette pour savoir comment l'entretenir. Si, en revanche, vous voulez travailler avec plusieurs fils, la couverture d'enfant, par exemple (voir page 88), il faudra être un peu plus attentif. Si le nettoyage à sec est conseillé sur une seule des étiquettes, il faudra impérativement s'y tenir.
En cas de doute, faites un petit échantillon et lavez-le pour vérifier si la matière résiste à l'eau. Soyez attentive au rétrécissement et à la déformation. Si vous êtes satisfaite des résultats, continuez et lavez à la main dans de l'eau tiède. Ne plongez jamais votre ouvrage dans de l'eau chaude sous peine de le voir feutrer et qu'il ne puisse pas retrouver son état initial.
Les fibres naturelles comme la laine, le coton et le lin sont plus beaux lavés à la main. Quand vous lavez votre tricot, manipulez-le avec précaution. Pressez le tricot sans jamais le tordre pour extraire l'eau. Et rincez soigneusement jusqu'à ce que l'eau soit parfaitement claire afin d'éviter toute trace de savon. Ne suspendez pas un tricot mouillé, le poids de l'eau le déformerait. Pour le sécher, étendez-le à plat sur une serviette, qui absorbera l'humidité. Laissez sécher à plat, loin d'une source de chaleur, jusqu'à séchage complet.
Vérifiez l'étiquette du fil avant de repasser votre tricot. Beaucoup de fibres ne demandent qu'un repassage léger à la vapeur, et le fer pourrait les écraser. Prenez soin de vos tricots. Certains fils peuvent produire des petites boules de fil en surface. Cela s'appelle « boulocher ». Le cachemire et les autres fils luxueux ont tendance à boulocher. Les boulochs s'arrachent ou s'enlèvent avec une brosse adhésive.

ENTRETIEN DU JEAN : le tricot en jean est inusable, pratique et lavable en machine. Il est donc idéal pour les enfants et les adultes. Comme pour tous les autres fils teints, la couleur du jean passe et vieillit au porter et au lavage. Une partie de la teinture peut d'ailleurs se déposer sur vos mains pendant le travail, mais elle se nettoie facilement. Lors du premier lavage, l'excès de teinture disparaît presque entièrement et les pièces tricotées rétrécissent en longueur (pas en largeur), ce qui rendra le tricot plus serré et plus robuste. Les explications des modèles en jean tiennent toujours compte du rétrécissement. Avant d'assembler les pièces, lavez-les à la machine, à 60 ou à 70 °C (sans oublier une petite pelote du fil qui servira à faire les coutures). Séchez à plat, ou en séchoir, pour un toucher plus doux.

Échantillon : conseils

Comment changer la taille d'un tricot : vous pouvez adapter la largeur de l'ouvrage à la dimension que vous désirez. Tricotez d'abord un petit échantillon dans le fil conseillé. Posez le tricot à plat puis comptez le nombre de mailles dans 10 centimètres, sur un même rang. En multipliant le nombre de mailles au centimètre par la largeur désirée, vous pouvez calculer combien de mailles vous devrez monter. Par exemple, s'il y a 15 mailles pour 10 centimètres, il y en a 1,5 par centimètre. Aussi, si vous voulez un coussin de 50 centimètres de large, vous devez monter 75 mailles (1,5 x 50 = 75). Le nombre de rangs par centimètre est moins important, particulièrement pour des projets simples où il suffit de tricoter la longueur nécessaire.

Échantillons conseillés : Pour les coussins et les plaids de ce livre, il n'est pas essentiel que la taille de vos mailles soit exactement la même que celle du projet présenté. Autrement dit, si votre coussin ou votre plaid est un peu plus petit ou un peu plus grand que celui proposé, cela n'a pas beaucoup d'importance. Si, en revanche, vous voulez modifier la taille de votre tricot ou choisir un autre fil, l'échantillon vous aidera dans ce travail, aussi ils sont indiqués ci-dessous :

PAGE 34 COUSSINS FACILES : 50 x 50 CM Échantillon pour le coussin en coton : 20 mailles pour 10 cm, au point mousse, avec les aiguilles n° 4.
Échantillon pour le coussin en chenille de coton épaisse : 15 mailles pour 10 centimètres, au point mousse, avec les aiguilles n° 5.

PAGE 38 COUSSINS AUX COUTURES : 55 x 55 CM Échantillon : 11 mailles pour 10 centimètres, en jersey endroit, avec les aiguilles n° 7 et du fil « feutré ».

PAGE 44 COUSSIN RAYÉ : 50 x 50 CM Échantillon : 15 mailles pour 10 centimètres, en jersey endroit, avec les aiguilles n° 4,5 et de la chenille de coton épaisse.

PAGE 50 PLAID BORDÉ : 128 x 111 CM Échantillon : 15 mailles et 23 rangs pour 10 centimètres, en jersey endroit, avec les aiguilles n° 4,5 et de la chenille de coton épaisse.

PAGE 54 GRAND COUSSIN : 72 x 72 CM échantillon : 14 mailles et 22 rangs pour 10 centimètres, en jersey endroit, avec les aiguilles n° 5 et 1 fil d'alpaga et 1 fil bouclé ensemble.

PAGE 58 CHEMIN DE TABLE : 37 x 127 CM Échantillon : 12 mailles et 17 rangs pour 10 centimètres, en jersey endroit avec les aiguilles n° 6 et de la ficelle de grosseur moyenne.

PAGE 62 COUSSINS AUX PERLES : 40 x 30 CM Échantillon du coussin en jersey envers : 15 mailles pour 10 centimètres, en jersey envers, avec les aiguilles n° 4,5 et de la chenille de coton épaisse.
Échantillon du coussin à rabat : 28 mailles pour 10 centimètres, en jersey endroit avec des aiguilles n° 3 et du fil de lin fin.

PAGE 70 PLAID DE CARRÉS : 183 x 183 CM Échantillon : 10 mailles pour 10 cm, en jersey endroit avec des aiguilles n° 7,5 et du fil « feutré ».

PAGE 74 PULL DOUILLET : 116 CM DE CIRCONFÉRENCE ET 68,5 CM DE HAUTEUR Échantillon : 10,5 mailles et 15 rangs pour 10 cm, en jersey endroit avec des aiguilles n° 7,5 et du fil « feutré ».

PAGE 78 PLAID GRAPHIQUE : 160 x 160 CM Échantillon : 22 mailles pour 10 centimètres, en jersey endroit avec les aiguilles n° 4 et du fil mérinos ; 16 mailles pour 10 cm en jersey endroit avec des aiguilles n° 4,5 et du fil bouclé.

PAGE 86 COUSSINS BOUTONNÉS : 40 x 40 CM SANS LA BANDE DE BOUTONNAGE Échantillon : 22 mailles et 32 rangs pour 10 centimètres, en jersey endroit avec des aiguilles n° 4 et du fil mérinos.

PAGE 88 COUVERTURE D'ENFANT : ENVIRON 72 x 90 CM Échantillon : 20 mailles et 28 rangs pour 10 centimètres, en jersey endroit avec des aiguilles n° 4 et du coton.

PAGE 92 COUSSINS NAÏFS : 50 x 50 CM Échantillon : 20 mailles et 28 rangs avant lavage (20 mailles et 32 rangs après lavage) pour 10 centimètres, en jersey endroit avec des aiguilles n° 4 et du jean.

Échantillon : conseils

PAGE 96 CHAUSSONS ET PANTOUFLES Pour les pantoufles de bébé et celles d'adulte, petite et grande taille
Échantillon : 20 mailles et 28 rangs pour 10 centimètres, au point de riz avec des aiguilles n° 4 et du coton ; 20 mailles et 32 rangs (avant lavage) pour 10 cm, au point de riz avec des aiguilles n° 4 et du jean.

PAGE 102 GANT DE TOILETTE : 20 x 16 CM
Échantillon : 7 mailles pour 10 centimètres, en jersey endroit avec des aiguilles n° 10 et de la ficelle de sisal.

PAGE 106 SAC DE BAIN : 27 x 29 CM
Échantillon : 19 mailles pour 10 centimètres, au point de riz avec des aiguilles n° 4 et ducoton.

PAGE 112 SORTIE DE BAIN : 120 CM DE CIRCONFÉRENCE QUAND IL EST FERMÉ ET 71 CM DE LONG Échantillon : 16 mailles et 24 rangs pour 10 centimètres, en jersey endroit avec des aiguilles n° 4 et de la chenille de coton épaisse.

PAGE 114 PANIERS EN TRICOT : 12 x 12 x 12 CENTIMÈTRES POUR LE PETIT, 18 x 18 x 18 POUR LE GRAND : Échantillon : 15 mailles et 25 rangs pour 10 centimètres, au point de riz avec des aiguilles n° 4 et de la ficelle de grosseur moyenne.

PAGE 118 TAPIS DE CHIFFON : la taille dépend des chiffons et des fils utilisés Échantillon : l'échantillon, avec des aiguilles n° 10, varie en fonction des matériaux utilisés.

ACHETER UN FIL DE REMPLACEMENT : si possible, il est toujours préférable d'utiliser les fils recommandés (voir pages 126 et 127 pour des fils de remplacement). Cependant, si vous voulez absolument utiliser un autre fil – pour obtenir un effet particulier ou parce que vous ne trouvez pas le fil prévu –, assurez-vous de trouver le fil qui se rapproche le plus en grosseur, en poids et en texture pour qu'il reste compatible avec les explications. Calculez les quantités nécessaires par rapport aux longueurs plutôt qu'au poids, et n'achetez d'abord qu'une seule pelote pour juger de l'effet et de l'échantillon.

FILS RECOMMANDÉS : la liste suivante est celle des fils utilisés pour les modèles de ce livre. Les caractéristiques des fils sont données pour vous aider à choisir des fils de remplacement. Les échantillons sont tous mesurés sur du jersey endroit, et la longueur des pelotes ou des écheveaux est approximative.

ALPAGA : 100 % alpaga, 4 fils ; 184 mailles pour 50 grammes. Échantillon : 28 mailles et 36 rangs pour 10 centimètres avec des aiguilles n° 3.

CHENILLE DE COTON ÉPAISSE : 100 % coton ; 140 mailles pour 100 grammes. Échantillon : 14/16 mailles et 23/24 rangs pour 10 centimètres avec des aiguilles n° 4,5.

COTON : 100 % coton ; 85 mailles pour 50 grammes. Échantillon : 19/20 mailles et 28 rangs pour 10 centimètres avec des aiguilles n° 4/4,5.

COTON GLACÉ : 100 % coton ; 115 mailles pour 50 grammes. Échantillon : 23 mailles et 32 rangs pour 10 centimètres avec des aiguilles n° 3,5.

FIL BOUCLÉ : 82 % laine mérinos et 18 % polyamide ; 100 mailles pour 50 grammes. Échantillon : 16 mailles et 26 rangs pour 10 centimètres avec des aiguilles n° 4,5. Fil « feutré » : 40 % laine, 30 % acrylique, 20 % alpaga et 10 % polyamide ; 55 mailles pour 50 grammes. Échantillon : 11/12 mailles et 16/17 rangs pour 10 centimètres avec des aiguilles n° 6,5/7.

FINE CHENILLE : 89 % coton, 11 % polyester ; 160 mailles pour 50 grammes. Échantillon : 20/25 mailles et 36/44 rangs pour 10 centimètres avec des aiguilles n° 3/4.

JEAN : 100 % coton ; 93 mailles pour 50 grammes. Échantillon : 20 mailles et 28 rangs pour 10 centimètres avec des aiguilles n° 4 (voir page 123 les conseils d'entretien du jean, qui rétrécit au premier lavage).

MÉRINOS : 100 % mérinos ; 125 mailles pour 50 grammes. Échantillon : 22 mailles et 30 rangs pour 10 centimètres avec des aiguilles n° 4.

Index

A
acier, 9
aiguilles, 6, 38, 58
   à bout rond 94
   à coudre 17, 36, 40, 47, 52, 56, 61, 64, 72, 80, 84, 90, 98, 105, 108, 112, 116
aiguilles à tricoter, 17, 22
   n° 3,5, 64, 84, 90
   n° 4, 36, 47, 64, 84, 90, 94, 98, 108, 112, 116
   n° 4,5, 52, 64, 80
   n° 5, 36, 52, 56, 64, 112
   n° 6, 61
   n° 7, 40
   n° 7,5, 72, 76
   n° 10, 105, 120
   en bois ou en bambou, 17
   fines, 20, 21
   grosses, 20, 21
   moyennes, 20, 21
alpaga, 9, 10, 35, 56, 79
ambiance
   air, 15
   bois, 8
   classique et élégante, 9
   cuir, 11
   daim, 10
   mer, 14
   pierre et acier, 9
   terre, 12
   végétale, 13
angora, 10, 79
ardoise, 9
augmentation, 30, 34, 96, 98
   à l'endroit 30

B
bordure, 12, 40, 52, 59, 61, 64, 66, 71, 72, 76, 79, 80, 88, 90, 108, 111
   en relief, 12
bouchon de liège, 17
bouclé, 9, 10
boutonnière, 24, 112, 113
boutons, 17, 83, 84, 86
   bois, 8, 11
   coquillage, 86
   corne, 12, 86
   nacre, 9, 86, 111, 112
   noix, 86
   verre, 86
   métalliques, 86
   synthétiques, 86
broderie, 39, 42, 92, 94, 107, 108, 112
   au point de croix, 106

C
cachemire, 10, 11, 35, 79
cadre chaud, 8
cailloux, 9
chambray, 14
charbon, 9
chaussons, 96, 98
chemin de table, 58, 61
chenille, 9, 10, 11, 12, 14, 15, 34, 44, 48, 50, 51, 62, 66, 84, 118, 120
   de coton, 44, 52, 64, 65, 90, 110, 111, 112, 113
   épaisse, 13, 36, 47
   fine, 11, 13, 47, 56
   gonflante, 11, 13
   veloutée, 13, 14
chiffon, 7, 118
   de coton, 120
   tricotés, 15
chiné, 9
ciseaux, 17
corde, 15, 17
   de jardin, 8
cordelière, 108
cordon, 7
côtes, 82, 84, 111
coton, 7, 8, 12, 13, 14, 15, 34, 36, 51, 58, 59, 90, 98, 106, 108, 118, 123
   éponge, 120
   fin, 15
   glacé, 61
couleurs végétales, 13
coussin, 10, 34, 35, 36, 38, 40, 44, 47, 48, 54, 55, 56, 62, 63, 64, 65, 66, 82, 84, 92, 94
couverture, 88, 90
crochet, 52, 120
cuir, 8, 11
   lacet, 9, 66
   lanières, 115

D
daim, 8, 10
damiers, 40, 82, 84
dégradés, 54
diminution, 30, 31, 96, 98

E
échantillon, 20, 124, 125
écorce, 8
enrouler, 6, 23, 26, 28
entourer, 6, 22, 23
épingles, 17, 36, 40, 47, 52, 56, 64, 72, 80, 84, 90, 98, 108, 112, 116

F
faire passer, 22
feutre, 17
fibres synthétiques, 9
ficelle, 17, 44, 47, 66, 102, 105, 114, 116, 118, 120, 123
   à paquet, 8
   douce, 35
   naturelle, 48, 58, 61
fil, 6, 34, 35
   à tricoter, 17
   bouclé, 15, 56, 80
   de lin, 20, 64
   « feutré », 9, 40, 70, 72, 75, 76
   jean, 14, 94, 97, 98, 115, 123
   mélangés, 9, 13
   mérinos, 86
   métallique, 7, 48
   moyen, 20, 21
   gros, 20

Index

filet, 15
franges, 51, 52, 59, 64, 120

G - H - I - J
ganse, 17
gant de toilette, 102, 103, 105
glisser, 30
grosseur des mailles, 20
indigo, 8, 14
jersey, 106, 108
    endroit, 28, 40, 45, 47, 48, 50, 56, 61, 64, 70, 72, 74, 76, 80, 82, 84, 90, 94, 92, 106, 108, 112, 120
    envers, 12, 28, 42, 45, 47, 48, 50, 52, 55, 56, 61, 62, 64, 65, 66, 70, 72, 88, 90, 108

L
laine, 7, 8, 15, 123
    mousseuse, 48
laisser tomber, 24, 27, 29, 31
liège, 8
lin, 7, 8, 72, 123
    naturel, 12

M
mailles
    endroit, 26, 52, 72, 76, 80, 84, 98, 108, 112, 116
    envers, 28, 52, 72, 76, 84, 98, 108, 112, 116
    en côtes, 77
    lâches, 21
    serrées, 21
    structurées, 82
matières, 7
    naturelles, 7, 8, 9
    riches, 8
mérinos, 10, 13, 15 13, 78, 80, 84
    et coton mélangés, 15
mètre ruban ou règle, 17
mohair, 7, 10
monter de nouvelles mailles à la fin d'un rang, 30
monter les mailles, 6, 22, 51
mousseline, 15

N
nacre, 15
nylon, 9, 15

P
paniers, 114, 116
pantoufles, 96, 98
passer, 6
par-dessus, 25
percale, 118, 120
perles, 9, 58, 59, 61, 62, 63, 64, 65, 66
    de bois, 52, 66
    de verre, 51, 52, 66
    en céramique, 66
    en métal, 66
    en nacre, 66
    en pierre, 66
    givrées, 66
    opaques, 66
    polies, 66
    transparentes, 66
pierre, 9, 14
piquer, 6, 23, 25, 26, 28, 30, 31
piqûre, 40
plaid, 36, 50, 52, 70, 71, 72, 78, 80
point
    arrière, 40, 47, 92
    avant, 42, 93
    de boutonnière, 113
    de croix, 42
    de gribiche, 94, 98
    de riz, 8, 82, 84, 96, 98, 106, 108, 114, 116
    mousse, 26, 34, 36, 40, 64, 79, 80, 98, 88, 90
    simple, 6, 8
pull, 74, 76, 77

R
rabattre les mailles, 6, 24, 40, 47, 52, 56, 61, 72, 76, 80, 84, 90, 94, 98, 108, 112, 120
ramener, 27, 31
raphia, 7, 15, 59, 61, 66, 115
rayure, 44, 48, 54, 56, 58, 61, 84, 88, 90, 106, 118
relief, 34, 42, 48, 55, 56, 66, 88, 90
ruban, 7, 17, 118
    de coton, 120

S
sac de bain, 106, 108
seersucker, 118, 120
sisal, 7, 8, 102, 103, 105
soie, 11, 12, 66, 86, 123
sortie de bain, 110, 112
sortir, 23, 29
style
    décontracté, 14
    dépouillé, 34
surpiquer les coutures, 39, 42

T - V
taille des aiguilles, 20
tapis de chiffon, 118, 120
teintes neutres, 8
terminer le rang, 25
textures, 7
    brutes, 8
    crayeuses, 15
translucides, 15
tissage lâche, 36
tissu éponge, 118
tons
    basiques, 14
    chauds, 8, 11
    de terre et de végétaux, 8
    naturels, 9, 12
touche contemporaine, 35
tricoter deux mailles, 24
tricoter deux fois la même maille, 30
tweed, 12, 86
velours, 15
viscose, 51